Une nouvelle édition, pour moi, pour toi, pour le Smile !

C'est avec beaucoup d'émotion que je souhaite rendre hommage à La Magie du Smile avec cette nouvelle édition.

Elle a contribué à mon bonheur et à ma fierté, une première fois lorsque je l'ai mise en mots, sur papier, et elle a su panser mes maux, récemment...

A l'époque de son écriture, c'est dans la hâte, et l'excitation du moment, que j'ai donné vie à ce petit morceau de moi.

Aujourd'hui, je souhaite l'éditer de nouveau avec quelques améliorations sans dénaturer les côtés spontané et intuitif avec lesquels je l'ai écrit, car pour moi, c'est ce qui la caractérise.

Récemment, j'ai vécu une période pas super cool, voire même étrangement violente, et c'est dans la Magie du Smile, que j'ai retrouvé l'envie d'avoir envie.

En fait, j'ai vraiment envie de lui dire merci d'exister et merci de m'avoir choisi pour exister.
Le sourire est tellement important dans ma vie et pour beaucoup d'entre nous, mais par moment, nous semblons l'oublier.
Oublier de se créer des sourires, plus jamais ça !
Je me rends compte, qu'une journée sans sourire, est une journée de gâchée.
Quand j'ai choisi d'honorer ma vie, tel un cadeau, je lui avais promis de sourire chaque jour.
J'ai manqué à cette promesse, et lors de cette période de troubles, mes yeux se sont posés sur la pile de livres que j'ai chez moi, dont, celui que j'ai moi-même écrit, La Magie du Smile.
C'est ainsi que je la découvrais en tant que lectrice, et j'ai eu la chance de ressentir la bienveillance et l'amour qu'il y a dans chaque mot.

Faire que chaque jour compte en lui offrant son sourire, rempli d'amour, c'est vraiment l'effet magique que la lecture de cette invitation au partage m'a procuré.

De nombreux livres me font du bien, et aujourd'hui, c'est avec fierté que je peux ajouter à ma liste de livres préférés, La Magie du Smile.

Le sourire procure beaucoup d'émotion, c'est son côté magique.

Dans n'importe quel moment de notre vie, de notre journée, où que l'on soit, n'est-il pas merveilleux de recevoir un sourire ?

La première réaction que nous avons tous, n'est-elle pas de sourire en retour ?

Grâce à la Magie du Smile, et à ses ingrédients magiques qui agrémentent chaque chapitre, je me souhaite de ne plus jamais oublier combien il m'est important de faire ma priorité de trouver des raisons de sourire, chaque jour.

La vie toute entière est un cadeau.

Cette nouvelle édition existe pour demander pardon à ma vie d'avoir oublié l'importance de sourire.

Cette nouvelle édition existe pour dire un grand merci à La Magie du Smile pour tout ce qu'elle m'apporte.

Enfin, cette nouvelle édition existe pour vous, pour toi qui en auras un jour besoin et/ou envie, pour contribuer à ton bien-être.

Comment puis-je exprimer ma joie de t'avoir dans ma vie autrement qu'en écrivant ces lignes arborant mon plus beau sourire ?

Je t'aime La Magie du Smile.

REMERCIEMENTS!!!

GRATITUDE INFINIE ENVERS…

…mon Corps, qui a toujours été là pour moi malgré mon ignorance, il n'a jamais cessé de me porter et de me supporter.
Sans aucun jugement, il a été présent et s'est battu pour moi, pour nous.
Pour nous offrir une vie qui nous appartient.

…mes choix, qui m'ont permis d'être là aujourd'hui remplie d'amour et de Smile.
Pour leur grandiose générosité sans laquelle je ne me serais jamais rendu compte que la petitesse n'était pas le chemin favorable à mon Smile.

… moi,
Oui, merci beaucoup moi, de m'être choisie et de m'être autorisée à aller chercher au plus profond de moi tout ce qu'il me fallait pour être enfin moi et totalement moi.

... toi,
Tu as toujours été là, pour moi, discrètement, mais surement, à chaque instant.
Ta générosité est incommensurable.
Ton omniprésence et ta présence sont un cadeau et une preuve d'amour que personne ne peut égaler.

Tu es mon modèle, ma source d'inspiration, la fréquence de toutes mes vibrations.
Je te suis infiniment reconnaissante et je te suivrai dans toutes mes vies.

Tu es mon tout.

Merci pour les cadeaux que tu m'as offerts, merci pour les cadeaux de chaque instant.
Merci de m'avoir permis d'écrire ces lignes et d'être qui je suis pour les partager.

Je t'aime, tout simplement, tous les jours et pour toujours.

INVITATION AU PARTAGE

Hey, coucou toi !!!

Je t'invite à partager un moment intimiste,
J'ai plein de trucs à te dire,

Et, surtout, je vais te dévoiler un secret …

Sais-tu que le sourire se voit, s'entend et se ressent ?

Selon moi, on sourit avec, la bouche, les yeux, le corps, et, avec la foi.

Ce qui peut t'arriver de plus beau, c'est de sourire avec la foi.

Si ton Smile se lit jusque-là, alors, tu es le plus Smilant de tous les Smilers !!

MENU DU JOUR

MISE EN BOUCHE

ENTREES DE CHOIX

MIJOTE DE BONHEUR

GOURMANDISES PETILLANTES

« On a deux vies,
la deuxième commence
le jour où on découvre
qu'on en a juste une »
Confucius

MISE EN BOUCHE

Bienvenue au repas de la révélation du Secret le plus gardé de toutes les générations.

En guise de mise en bouche, je vais t'expliquer pourquoi ce livre est né.

Et bien que la mise en bouche soit un peu…piquante, il nous faut passer par là pour comprendre la valeur de chaque mot que tu vas savourer.

Je nous souhaite une bonne dégustation !

Chaque met ici est servi *sans* «pestimensonge» ni «agent de conservateur», tout est frais, sain, sans aucune transformation.

Donc tous nos produits sont à consommer
SANS modération !!!!

C'est le moment de partager !

Depuis un sacré moment ce bouquin est en moi, et je me devais de le partager avec vous.

C'était devenu viscéral.

Quoi de mieux qu'un bon repas pour partager un trésor qui nous anime ?

Je t'invite à un moment de partage en toute simplicité…

Depuis quelque temps, je réalise des vidéos sur « Le » réseau social incontournable, c'est super sympa, j'adore la communauté des internautes qui se connecte à mes Live.
Mais pour moi, les vidéos sur les réseaux sociaux sont trop éphémères.
C'est comme un film, tu peux le voir en Replay mais il ne t'appartient pas !

Le livre, quant à lui, il a ce quelque chose de spécial, d'intimiste que rien ne peut égaler.
Il est à portée de main, il peut te suivre partout, tu le mets dans ton sac, et que tu sois dans le métro, à la plage, ou dans ton lit, il est là.
Il est dans tes mains au moment où tu en as envie et besoin, et tu peux même le serrer tout contre toi dans les moments forts de la lecture.

Tu saisies ton bouquin, et tu l'ouvres à n'importe quelle page, et la magie opère.
Pour moi, le livre a une odeur et tu as un rapport particulier avec lui, il est là !!

Je t'offre ici une mise en bouche un peu épicée, relevée et salée, parce que je vais t'expliquer comment l'idée d'écrire ce livre m'est apparue, ici, dans mon tout moi !!

Je t'invite à lire sans attente, ni projection, mais tout simplement, comme si nous avions une conversation toi et moi autour d'un repas.
J'ai besoin de l'écrire et de le partager avec tous ceux qui auront envie de le découvrir.

Je ressens une véritable envie de partager mon expérience, ma façon de vivre, de respirer avec tout le monde, comme si mon histoire ou des parties de mon histoire allaient résonner chez quelqu'un et seront un réconfort.
Ainsi cette personne, ou ces personnes pourront se dire :
«Waouhhh !! Génial, je ne suis pas toute seule à penser comme ça !!!
Et là, la personne serrera très fort le bouquin contre son cœur, et un Smile de folie se dessinera sur son visage, jusque dans ses yeux, son corps et moi, je serai super fière, et en joie incommensurable !!

En général, une idée arrive chez toi, te transcende, et, si tu ne lui donnes pas vie, elle s'en va, chercher quelqu'un d'autre pour la faire vivre.
Dans mon cas, l'idée de ce témoignage est là, et ne me lâche pas.
C'est comme une obsession.

J'ai beau lui dire que je ne serai pas capable de lui donner vie, elle me hante, et tout ce que je fais dans mes journées et mes nuits, tout me ramène à elle.

Tu l'as bien compris, l'idée de partager tout ce que je sais sur la vie fait partie de moi, elle a pris possession de moi pour venir jusqu'à toi !

Zéro filtre, aucune langue de bois, je suis la franchise incarnée, d'ailleurs, tu comprendras que je ne peux mentir... J'exècre le mensonge.
On se demande pourquoi mais tu auras la réponse dans ce bouquin, si tu décides de continuer ta lecture.

As-tu déjà eu l'impression que tu vivais ta vie en « spectateur » ??
Oulala, je t'avais prévenu, salée et corsée la mise en bouche !!!

Pour ma part, j'ai toujours pensé que je vivais la vie de quelqu'un d'autre, dans une époque qui ne m'appartenait pas et surement sur la mauvaise planète !!
C'était juste pas possible que je fasse ces choses-là, que je ressente ces choses-là, que je subisse ces choses là !!!

C'est dingue à dire, mais si tu as connu ça, c'est encore plus dingue à vivre, à subir, je ne sais quel mot est le plus approprié.

Tu es là, et tu vis les scènes, de ta propre vie, et tu te demandes tout le temps pourquoi. Tu ne comprends pas toujours les dialogues, tu tentes de recevoir des sous-titres, mais rien n'y fait, les situations passent, tu es toujours actrice et plus le temps passe, plus les situations sont difficiles à regarder...
Mais pourquoi je fais ça ?
Pourquoi je n'ai pas dit ça ?
Pourquoi je n'ai pas fait ça ?
Bref, ta vie se résume à des Pourquoi.

Jusqu'au jour où tu te rends à l'évidence, et tu capitules en mettant la faute sur ton Karma.
Je souffre cette vie, mais, la prochaine sera meilleure !!!

Et voilà, années après années, tu survis dans cette réalité.
Bien que tu sois consciente qu'elle ne t'appartienne pas, tu fonctionnes avec elle.
Jamais tu ne te plaints et tu fais comme tu peux en essayant d'atteindre la perfection à chaque fois car c'est ainsi qu'on t'a dit qu'il fallait faire !!!!

Et puis tu vis des choses salées, corsées, épicées, jusqu'au jour ou dans ta perfection tu es allée au summum de ta misérable expérience et ton esprit qui s'est habitué, te fait rentrer dans un extrême !!

C'est alors, que tes agissements font réagir ton corps qui ne s'exprime non pas avec des mots clairs et précis, mais bel et bien avec des maux douloureux et atroces qui te clouent au lit, qui t'empêchent de te mouvoir, et comme tu n'as pas encore compris le message qui te privent d'oxygène !!

Oui, oui, il est là le message clair et atroce, tu reçois une lettre, non plus de menaces, mais de mise en accusation définitive :

Chère Olivia,

Tu es implantée dans des schémas qui ne t'appartiennent pas et ton esprit te joue des tours.

Bien que tu saches que ce n'est pas ta vie que tu es en train de vivre et qu'il fallait faire le nécessaire pour en changer, tu n'as pas su faire et tu n'as pas pris acte des nombreuses leçons que l'Univers t'a envoyées.
C'est la raison pour laquelle, moi, ton Corps, je vais t'expliquer autrement !!!

Le spectacle navrant que tu nous imposes chaque jour est peut-être le scénario dans lequel nous t'avions prévu pour jouer le premier rôle, mais, quand tu t'es aperçue que le rôle n'était pas fait pour toi, il fallait soit, changer le script, soit changer de production.

En clair, quand tu as compris que tu ne pouvais pas rentrer dans la peau du personnage, il fallait faire le choix de changer de rôle.

Etant donné que tu n'as pas eu le courage de faire confiance à ton intuition, moi, ton Corps, je prends la décision pour toi.

La sentence prise a été celle de te démunir de l'usage de tes jambes à plusieurs reprises, pour t'expliquer que tes allers et venues ne prenaient pas la bonne direction.
Bien que tu en sois consciente, tu as fait semblant de ne pas comprendre, tu as fait ta forte tête et malgré la douleur, tu as continué à prendre cette direction qui ne t'apportait que des souffrances.

Sur ce, moi, ton Corps, ton meilleur et unique ami, je vais t'empêcher de continuer ce carnage en te coupant tout apport d'oxygène.

En arrêtant d'oxygéner tes poumons ils ne pourront plus alimenter ton sang qui ne circulera plus dans tes veines.
Je t'informe que ton cœur, très fatigué de porter tant de gens à ton détriment, va cesser de battre petit à petit.

A de nombreuses reprises, nous avons, nous, tous tes organes réunis, essayé, en vain de t'avertir. Aujourd'hui c'est chose faite, nous disons STOP !

Ton aimable serviteur,
Corps !

Voilà le courrier reçu en recommandé avec accusé de réception sans possibilité de réclamation…
La loi du Corps est la plus forte, quand Corps dit STOP, tu fais moins la maline, voire plus du tout.

Les schémas, la Société, et les parents nous apprennent que le plus fort est l'esprit, quand on a un bon mental, on ne risque rien, on peut se battre contre tout et tous….
Que nenni, encore un schéma qui te pollue la tête, car le Chef, c'est ton Corps !

Tu peux faire la maline à dire que tu es plus forte que tous les obstacles de la vie, mais quand Corps a décidé que tu ne sauteras plus les obstacles, ben tu te les prends dans la tête.
Si Corps a décidé de te retirer l'impulsion nécessaire pour sauter haut, et encore plus haut, ben tu te casses la gueule, et en plus tu te taies car il t'avait prévenu que les obstacles il fallait les désintégrer pour ne pas les revoir sur ton chemin.

Bref, tu sais quoi, la lettre de Corps a été mise à exécution.
Je suis alitée, branchée à une machine infernale pour m'aider à respirer.
J'ai 41 et je sais que j'ai encore quelques semaines à souffrir, et tout sera terminé, je cesserai de vivre.

Pacte avec Corps

Oups !!!
Elle a oublié l'article définit devant Corps…

Mais nooon, Corps, c'est son nom, il est une entité individuelle et indépendante de moi.

J'aurai pu l'appeler Body, Bob ou Arthur, mais c'est un Corps, alors, il s'appelle Corps, c'est mon choix.

Vous verrez tout au long de mon récit, toutes les personnes existent dans la vraie vie, ce n'est en aucun cas une fiction, ou une histoire de la toile virtuelle.

C'est simplement ma réalité à moi, avec mes mots à moi !

Lorsque Corps m'a clairement imposé son STOP, je me suis avouée vaincue.

Jusqu'à présent, je n'en faisais qu'à ma tête, voilà où nous en sommes, j'avoue, c'est Corps qui gagne !

Je peux effectivement avoir une tête qui fonctionne, bien que démunie, certes mais si Corps ne fonctionne plus, ma tête ne sert pas à grand-chose.

C'est là, allongée sur mon Sofa, branchée à cette superbe machine au bruit infernal et aux odeurs pas forcément alléchantes, que je me rendais compte combien regarder un plafond blanc manquait cruellement d'intérêt.

Me voilà donc, seule, face à mon plafond blanc prisonnière de tout mouvements, nuits et jours.

Que faire pour ne pas sombrer dans la folie, même si je savais que le temps m'était conté, car Poumons et Cœur avaient décidé de s'arrêter petit à petit.
Dans un premier temps, je me suis dit que ce n'était pas possible, et que ça allait passer.

Du genre, je vais me réveiller d'un affreux cauchemar causé par la fièvre due à une grosse une angine. Mais non !

Ensuite, convaincue que c'était réel je suis arrivée aux questions qui flagellent :
« Merdalors » pourquoi moi ??
Ai-je été aussi imparfaite, méchante, voire autre chose que je n'avais pas vu pour être dans cet état et mourir sans avoir été heureuse ? »

Puis, je suis passée par :
« Mais non, je ne veux pas mourir, ce n'est pas drôle, la plaisanterie peut s'arrêter là !».
J'ai attendu quelques instants pour me rendre compte que oui, ce n'est pas drôle, mais ce n'est pas non plus une blague.

Enfin je me suis résignée :
« Ben d'accord, que tout ça finisse, le plus rapidement possible, j'ai assez souffert, et tout le monde sera mieux sans moi et moi de toute façon je n'ai jamais trouvé ma place ici, ni dans cette réalité, ni sur cette planète ».

Donc, j'ai capitulé, et les faits sont là, dans quelques semaines, ou jours, tout sera terminé apparemment...

J'ai choisi d'accepter et d'assumer la décision de Corps, (et des médecins).

En faisant ce choix, soudain, de nombreuses émotions se sont jetées sur moi.
Un truc de fou, un mélange de tout plein de trucs que je n'avais jusqu'alors jamais ressentis pour moi, me concernant.

Un mélange détonnant de tristesse, de peur, de tendresse, de pitié, de désarroi, d'impuissance, d'excitation.

Tout ça pour la jeune femme allongée là en souffrance qui converse avec le plafond, seule au monde, avec elle-même.
Dans le seul bruit de la machine à oxygène, les yeux rivés sur le plafond, sans aucune parole, le masque sur nez/bouche, la conversation commençait.

C'est comme par magie que j'entrais dans une large et profonde introspection transposée dans la blancheur de Plafond.

Je n'étais plus du tout en haut à participer tel un spectateur d'un mauvais SOAP du dimanche après-midi par temps de pluie, non, non, non, j'étais bien là, dans mon moi esprit/corps, tout mon moi !!

Pour la première fois de ma vie je vivais et ressentais pleinement tout ce qui se passait à l'intérieur de mon esprit, et dans toutes les parties de mon corps.
C'est comme si je faisais un doucereux voyage à l'intérieur de mon moi.
Fini le spectateur impuissant et détaché !

Je commençais un voyage merveilleux et doux dans le plus profond de moi, ou, puis-je dire, clairement, dans la plus belle découverte que je puisse faire au cours d'un voyage, la découverte et la connaissance de MOI !

Quel était le message de Plafond Blanc ?

« Olivia, je n'ai rien à te dire, ni à t'apporter.
Je suis blanc et lisse mais à travers mon reflet penche toi sur la seule personne présente dans la pièce.
Parle avec cette présence, intéresse-toi à cette seule et unique personne que tu ne connais pas et qui attend que tu la rencontres.
Fais ta connaissance Olivia !!! ».

Sacré message quand même venant d'un plafond. Et c'est là, que j'ai compris, et que j'ai effectué mon premier voyage à l'intérieur de moi pour enfin faire ma connaissance.

Quel voyage, quelle expérience, et quelle joie de comprendre aujourd'hui les effets merveilleux que les Méditants ressentent et vont chercher dans cet incroyable moment d'introspection !!

Quel cadeau j'étais en train de m'offrir !!

C'est après des heures, je n'en sais rien en fait, si je dois parler en heures, en jours, en vies, hihi, et peu importe, quelle importance ??

Tout ce que je peux te dire ici, c'est que moi, qui adore voyager, moi qui suis certaine d'être venue au monde la première fois avec un passeport à la main, partir pour découvrir d'autres paysages, d'autres civilisations, d'autres coutumes, moi qui suis une Fan des voyages, j'ai effectué LE voyage de ma vie !!

J'ai découvert un monde absolument incroyable, celui de la méditation, pour découvrir une civilisation peuplée de deux êtres hallucinants, Esprit et Corps.

Découvrir une personne que je n'avais jamais rencontrée, une personne qui existait quelque part par-là, et surtout que j'ai toujours recherchée chez les autres et ailleurs.

Cette personne tu l'auras compris, c'est MOI !!!

Et c'est juste Waouhhhhhh !!!
Quoi waouhhhhh ??
Ben, Waouhhhhh !!

Toute cette vie passée à essayer de comprendre pourquoi tout, pourquoi moi, pourquoi étais-je dans cette Société, cette famille, ce siècle ?

Oui, juste waouhhh !!

Chercher toute une vie une amie qui nous comprenne, un amour qui saura nous aimer, des gens qui nous comprennent, qui nous ressemblent, pour évoluer pour rire alors que la personne qui peut te donner tout ça c'est toi !!

Après cette incroyable découverte, cette incroyable rencontre avec moi, que je n'existais non pas pour les autres mais pour moi, je ne voulais pas me quitter, j'avais tant à faire, tant à découvrir.

C'est comme si tu trouvais un coffre à trésors, tu l'ouvres et tu es émerveillée, intriguée, surprise.
Tu veux rester là, à découvrir, contempler, explorer, et apprécier, mais tu n'as pas assez de temps. Tu te hâtes mais non, tu veux rester parce que tu sais que c'est un trésor, un magnifique cadeau.

Là, c'était pareil pour moi.

Toute ma vie je pensais que rendre les gens heureux, qu'ils le veuillent ou pas d'ailleurs, était ma mission sur terre.
Mais jamais je ne me suis demandée comment me rendre heureuse, moi.

Jamais je n'ai pris le temps de découvrir ce qui me plaisait à moi, qui j'étais.

Je fonctionnais en mode « robot », tel que chacun voulait que je sois pour trouver ma place auprès de chaque individu qui m'entourait.

Forcément, sans jamais y arriver, sinon, je ne serai pas là en train de vous raconter mon histoire.

Soudain, une envie me concernant émergeait de mon moi tout entier.

Une envie pour moi, pour la première fois, je faisais un vœu pour moi et rien que pour moi.

De là est né le Pacte !!
Une idée de fou, je te l'accorde !

Tout d'abord, faire un vœu pour moi était surprenant, mais faire un vœu en parlant avec mon corps, c'était, carrément, surprenant, non ????
Me voilà, en pleine communion avec Corps et lui exprimer, comme une requête :

« *Corps,*
Si tu l'acceptes, je choisis de faire tout ce qui est en mon pouvoir, de toute ma puissance, pour faire que chaque jour de notre vie nous les vivions avec le SMILE »

Attention pas un Smile commercial, non, non, non, je te promets que nous aurons le sourire en bouche, dans les yeux, dans le corps !!!
Je te promets cher Corps que plus jamais tu n'auras à nous faire souffrir car désormais je t'entendrai et t'écouterai !

Si tu acceptes mon vœu, en me rendant toutes mes fonctions primaires que j'avais avant mais dont j'ignorais l'importance, je te promets que je

prendrai soin de toi, de nous, pour que chaque jour de notre vie soit composé de SMILES, de joie et de tant d'autres choses pour que nous ayons une vie Orgasmique.
Orgasmique, rien que ça ???
Ouiiiii,
Orgasmique pour ne plus se limiter dans quoique ce soit, juste nous Corps et moi !
Esprit sera de la partie, mais il n'aura plus le monopole de la décision.

Parce que j'ai compris, j'ai pris conscience que je n'ai pas besoin d'attendre une autre vie pour avoir une chance de lui sourire. Je n'ai pas besoin de me trouver sur une autre planète dans une autre réalité, ni même et surtout encore moins dans un autre corps.
Tout ce dont j'ai besoin pour sourire à la vie est là, car je suis là et que mes choix sont les miens, et que je dois les assumer entièrement parce qu'il n'appartient qu'à moi de choisir pour nous, et en fonction de nous.

Corps, acceptes-tu que nous fassions équipe pour kiffer la Life ?? »

ENTREES DE CHOIX

Loin de moi l'idée de te présenter des salades revisitées dans tous les menus de la région.

Ce que je te propose ici, c'est LE Choix de toute une vie !!

J'ai choisi une vie Orgasmique pour Corps et moi.

Pour ce faire j'ai trouvé des ingrédients de folie dont on se souvient à peine mais qui ont une sacrée importance en matière d'apport nutritionnel.

Ces aliments, sont, de mon point de vue, LA BASE d'une alimentation saine et simple pour une vie riche et équilibrée.

Choisir de Choisir

Je ris à l'écriture de ce titre car c'est exactement ça !!!

J'ai choisi de choisir et c'est super excitant, je frétille.

Corps frimousse quand j'écris car je suis super heureuse de partager ces lignes avec toi.

C'est exactement ce que j'ai choisi, partager ma philosophie de choix de vivre ma vie en conscience, avec Fun et panache, (et pas que..).

Choisir c'est quoi ?

Depuis que nous sommes tout petits, le concept inculqué est de choisir entre deux possibilités, voire trois, ou plus, mais le résultat est toujours le même, nous n'avons le droit à qu'un seul choix.

Donc les deux ou trois qui restent, nous procurent des frustrations et des questions à n'en plus finir parce que nous ne savons jamais si nous avons fait le « Bon » choix.

Parce que la notion de « Bon » ou « Mauvais » nous est imposée et nous évoluons avec cette croyance que c'est ou Bon, ou Mauvais.
Pas d'autre choix que choisir ce qui est Bon.

Toute ta vie tu stresses à l'idée qu'il faut assumer ses choix les bons, comme les mauvais.
Parce que tu as fait ton choix, tu dois assumer.

Si le choix est mauvais tu ne dois t'en prendre qu'à toi-même, c'est ta faute, c'est toi qui a choisi.

Par contre, si tu as fait le bon choix ton entourage te dira qu'il a contribué, que c'est grâce à lui.

De grâce, allons au-delà de tous ces clichés, s'il vous plait et apprécions cet ingrédient qui change la vie.
Il donne un goût particulier à chaque moment de notre vie.

N'oubliez pas que ce livre, est ma vie, mon fonctionnement, mon point de vue, je n'invente rien, je ne vous impose rien, juste je vous explique comment je vis, et comment j'ai accédé à mon Bonheur.

Ce que je vois en premier dans cette notion de Choix, c'est que j'ai le Choix de choisir non pas entre quelques choses, mais j'ai le choix de choisir **tout** ce que je souhaite.

A partir de là, c'est la magie qui opère.

La Responsabilité est la deuxième notion du choix.
Le choix appartient à celui qui choisit.
Les personnes qui disent, « je n'avais pas le choix », c'est un mensonge.
Direct, tu le ressens, la personne se ment à elle-même.

Je n'avais pas le choix est une hérésie.
Donc, cesse de te mentir, et assume toi choix, toi seule est responsable de toi.
C'est libérateur ce que je te montre là.

Qu'est-ce qu'il y a de plus fun que de savoir que tous les choix que tu choisis, sont de ta responsabilité ?

Cela équivaut à dire que le choix, n'appartient qu'à toi !
Je suis seule responsable de mes choix, tous les choix que je choisis m'appartiennent à moi et sont propres à moi.

Waouhhhh, tu sais ce que ça veut dire ?

En ce qui me concerne, j'assume entièrement la responsabilité de tous les choix que j'ai choisis.

Oui, bien sûr, j'ai souffert de certains de mes choix.

Vais-je réitérer ces choix et les renouveler pour me donner des lourdeurs dans le cœur et le ventre ou vais-je choisir le chemin qui me donne le Smile ?

C'est en vivant les choix en conscience de la responsabilité unique que tu sais que quoiqu'il en soit, le choix a été une contribution à ta vie.

Alors pourquoi ne pas faire que des choix qui nous donnent le Smile ?
Ahhh ! C'est là que tu te dis, ce n'est pas possible.

C'est ton choix de penser cela.
Tu choisis ce qui est une contribution pour toi.

Si sur cette décision tu avais besoin de souffrir Vs Rire, et que ça t'a amené à choisir autre chose ou autrement.
Tu sais que tu es responsable de ton choix, et tu sais que tu choisis en conscience.
A l'intérieur de ton être tout entier tu sais ce que tu fais du choix.

Tu grondes ton enfant quand il fait ce que la Société appelle une « bêtise » ?
C'est un choix que tu fais en conscience, pourtant ça ne te provoque pas de satisfaction voire même tu es un peu dégoutée d'avoir dû « punir » ton enfant, ou grondé ton enfant.
Tu voulais faire quoi à la place ?
Ou la question qui se pose ici, c'est, qu'est-ce que ton intuition te disait de faire ?
Tu voulais en discuter avec lui, tu voulais le prendre dans tes bras parce que tu as eu peur, tu voulais en rire car la bêtise était super drôle en fait ??
Mais le cliché veut que si bêtise il y a, punition sera la conclusion.

Et si on va plus loin, pourquoi ton petit bout choisit la bêtise ?
Qu'est-ce qu'il veut te dire ou te montrer en faisant ainsi ?

Et si nous sortions des clichés et que nous prenions le temps d'écouter ce que l'on ne veut pas voir ?
Au fond de toi, tu aurais choisi quoi ?

Ben pour tous les choix que tu fais c'est pareil.
Le choix est à toi, tu en fais ce que tu veux.

Aujourd'hui j'ai choisi de recevoir l'entière responsabilité de mes choix qui n'appartiennent qu'à moi et rien qu'à moi.

Je choisis en conscience, je choisis ce dont j'ai envie, ce que je sens comme léger et puissant pour moi, comme étant une contribution à mon Smile.

Si la vie te donne la possibilité de tout avoir, tu sais que tu peux tout choisir, alors tu veux tout.

Tu veux tout quand tu crois que tu vas manquer de quelque chose.

C'est une réaction humaine, tu veux tout si possible, à outrance, à foison, l'être humain veut tout posséder.

Est-ce qu'il sera comblé s'il possède tout, est ce qu'il n'aura plus besoin de rien ?

Lorsqu'on te pose la question et si tu pouvais tout posséder, que choisirais tu ?

La réponse est inévitable, tu veux TOUT !!

Es-tu plus heureux à l'idée de tout avoir ?

En ce qui me concerne, quand je me pose cette question aujourd'hui, je choisis de choisir tout ce qui me génère le Smile, la joie.

Est-ce que je choisis tout ?

Est-ce que j'ai « besoin » de tout posséder pour être heureuse ?

Regarde bien le changement de vocabulaire, combien il change l'énergie du choix.

Tu choisis de choisir quand tu sais ce dont tu as envie.

Tu choisis Tout quand tu as des besoins et surtout quand tu as peur de manquer de quelque chose.

Voilà comment tu changes l'énergie de ta vie, tu n'as plus aucun besoin mais tu as des envies.

Tu veux que je te laisse quelques instants avec cette nouvelle perception de la possibilité infinie de tes choix ?

Comment sera ta vie quand tu n'auras plus de besoins mais des envies ?

Comment choisir tes choix quand tu sais que tu n'as pas besoin mais envie ?

Waouhhh, c'est juste waouhhh !!!

Parlons ensemble de toutes les possibilités qui s'offrent à nous quand on choisit en conscience de la responsabilité et de l'incroyable pouvoir du choix ?

Je me suis toujours dit que si je choisis ça ou ça, le résultat ferait du bien à mon fils, à mon copain, à ma copine, et à mon patron.
Ainsi, je serai heureuse de choisir pour que les uns et les autres soient heureux.
Mais est ce que je sais choisir pour les autres moi ?
Qui suis-je pour choisir pour mon fils, ou pour n'importe qui d'autre ?

Tout comme moi, tu es responsable de tes choix, tu n'as aucune responsabilité des choix des autres.

Et oui, cette notion-là du choix est super non négligeable.
Tu ne choisis pas pour quelqu'un d'autre, tu choisis que pour toi.
Certes, tes choix auront un impact sur ton environnement, mais en aucun cas tu choisis pour l'autre.

Tout comme toi, l'autre est responsable de ses propres choix, et en aucun cas ses choix ne dépendent de toi.
C'est un concept à ne pas négliger.
Une personne choisit, et tu es persuadée qu'il a fait ce choix pour toi….

Que nenni, en aucun cas tu es responsable des choix des autres.
La responsabilité de leur choix leur appartient tout comme la responsabilité de tes choix t'appartient.

Donc exit le fameux, reproche, ou la super culpabilité.
Tu peux motiver un choix, ou désarmer un choix, ou simplement aiguiller un choix, mais le choix final de l'autre appartient à celui qui le prend.
Tout pareil pour toi, tu regrettes un choix, tu penses que tu aurais dû choisir une autre option, c'est la faute de ton voisin ou de ta cousine qui t'a dit que c'était mieux…

Chérie, réveille-toi, si tu as choisi, c'est ton choix.
Tu t'es trompée, change de choix.
Qui t'empêche de choisir différemment ?
Oublie le concept de c'est trop tard s'il te plait.
Hier, c'est fini, je te l'accorde, mais là sur le moment présent si tu te rends compte que le choix ne te donne pas le Smile recherché, assume et pourquoi ne pas changer ton choix ?
Au fur et à mesure que tu te trompes, tu ressens l'énergie dans ton corps, et tu sais au fond de toi ce qui te plait ou pas.
C'est un entrainement quotidien.

Alors tu feras des choix et des choix et encore des choix, et tous ces choix qui t'appartiennent t'apporteront ce que tu as choisi pour toi !
C'est aussi simple que ça !
Pourquoi moi, Olivia, qui écris ce livre j'ai toujours le Smile ?
Ne serait-ce pas parce que je l'ai choisi ??

Choisis ce que tu veux pour toi, avec l'intention de donner satisfaction à ton Corps et à ta vie.
Un choix conscient et bienveillant est un choix qui t'accompagne à choisir encore mieux et encore plus pour encore plus de mieux.

J'ai choisi d'avoir le Smile chaque jour et pour contribuer à mon Smile, je choisis de choisir ce qui lui contribue.
Si un jour j'ai la tristesse c'est parce que j'aurai choisi d'accueillir la tristesse.

Est-ce que je vais vivre toutes mes journées avec la tristesse ?
Ça dépend de ce que je choisis.
Pour Corps et moi, j'ai choisi une vie orgasmique, et pour me construire cette vie j'ai choisi de me choisir, de faire que Corps et moi soyons heureux, et Smilant chaque jour.

Hihihihi, mon choix passe par des actions qui génèrent mon Smile, je m'entoure de personnes qui me donnent envie de smiler, de partager mon Smile, et je fais des choses qui me donnent le Smile comme ce livre que j'écris avec joie et fun et amour aussi.
Parce que je sais qui je suis, et je sais que j'aime sourire et rire et ma vie est un cadeau que je choisis d'honorer chaque jour.
Les choix sont faits avec bienveillance, amour et fun, pour moi sans attente ni jugement.

Je choisis de vibrer la bienveillance et bien d'autres ingrédients essentiels pour ma vie.
Que se passe t'il quand tu choisis pour toi de vibrer la bienveillance, tes choix sont eux aussi bienveillants.
Tes choix seront composés des ingrédients que tu choisis.

Toutes les lignes que je choisis d'écrire, sont dotées de bienveillance, de fun, et d'amour et d'autres ingrédients encore, que tu ressentiras ou pas, mais moi, je sais qu'en tant que responsable de mes choix, c'est ce que j'ai choisi.
Je suis qui je suis et je choisis pour qui je suis.
Je choisis de te donner tous mes secrets et de partager avec toi ma Magie du Smile.

Etre Soi

Ouiiii,
la réponse est Ouiiiii,
Vous allez certainement me dire, et affirmer
haut et fort, bien sûr que je suis moi !

Comment je sais que toute cette première
partie de ma vie je n'étais pas moi ?
Ou le semblant de moi ?
Qui est ce moi, qui suis-je ?

Je t'invite à dire à voix haute comme ça qui
tu es ?
Bonjour, je m'appelle…
Je suis….

Continuez la phrase et on en parle plus loin,
je t'emmène dans ma découverte de moi.

Tu sais qui tu es toi ??
Ben, moi toute ma vie j'ai entendu les personnes que je rencontrais me dire :

« Salut, bonjour, alors tu es la fille de…, la petite fille de… la nièce de…»
Pas évident en plus quand tu as une famille de sang très nombreuse, tu es toujours LA quelque chose de …

Puis tu grandis, et en plus tu deviens la copine de…, l'élève de …, la sœur de ….
Forcément quand tu es la cadette tu rentres dans la réalité après la première.
Deux filles en plus, ma foi, que fait cette réalité à part te comparer ???

Ben la Société te compare, te juge et souvent te condamne en te mettant dans une case !!
Ils ont décidé que tu serais là et pour toujours ou alors avec un peu de chance, tu seras rétribuée du fameux : « toi ce n'est pas pareil » !!!

Sinon à part ça, ben quand t'as passé toutes ces épreuves que l'humain appelle l'adolescence, qui se doit selon tous les schémas du monde une partie de ta vie difficile comme tout le monde, là tu

deviens la femme de…, et la maman de…, et souvent, l'ex de…
Puis toute ta vie tu restes l'ex de quand les faits ont été marquants dans la durée, c'est le seul point d'ancrage de cette réalité !!

Le moment que j'ai kiffé, c'est être la maman de.
Oh que ouiiiii, même là quand je l'écris j'ai le sourire parce que c'est mon plus beau rôle.
Mais je n'ai pas de mérite, parce que c'est lui qui m'a choisi.
Il m'a fait un merveilleux cadeau parce que je suis fière et heureuse d'être sa maman.
Mais ne lui dite pas je perdrais ma crédibilité !!!
hihihihi, je plaisante bien entendu !!

Pour ce rôle-là, disons que ça a été une superbe expérience. Je ne savais pas ce qu'il fallait, et encore moins comment il fallait faire.
Puis, je me suis fait confiance car le petit être qui m'a choisi, m'a choisi moi parce qu'il savait qui je suis.
Alors, la plus sage décision, a été de rester moi avec lui, et d'être non pas une maman, mais SA maman à lui !
Il savait que je n'étais pas comme les autres, un « peu » atypique tout de même.

Mais si, lui, ce petit être merveilleux m'a choisi moi, c'est surement pour me faire un cadeau.
Etre sa maman à lui est une incroyable expérience, très enrichissante.

Je sais que je suis un « peu » atypique, mais comment être une maman à la hauteur d'un petit être qui m'a choisi ?
Ben en fait, je me suis rendue compte que je me posais beaucoup de questions pour parfaire sa vie à lui, pour qu'il soit heureux.
Et forcément, j'ai fait des choses comme « il fallait » les faire, et d'autres moins bien.

Que puis-je dire ? bla bla bla bla …

En voilà une salade avariée hihihihihi, c'est des sornettes tout ceci, ce sont des schémas encore et encore.
Si je ne le laisse pas respirer, vivre et choisir, si je le dirige dans ses choix, pour qu'il fasse les meilleurs possibles, comment saura t'il qui il est vraiment ?

Je ne veux pas dire que je suis un modèle d'éducation mais est ce que je ne suis pas en train de reproduire les schémas d'éducation que j'ai choisis de rompre aujourd'hui ??

Est-ce que je ne suis pas en train de reproduire ce que finalement je suis en train de choisir de changer pour ma vie à moi ?
Mon fils, est certes mon fils, mais il est surtout, un enfant qui deviendra adulte.
Il est lui, il n'est pas le fils de mais bel est bien lui, il a un prénom, et surtout, il a ses choix !
Et c'est ça que je kiffe un max !

Un exemple considérable, mon fils n'aimait pas les laitages, depuis sa naissance je me suis rendu compte qu'il n'aimait pas les laitages.
Il mangeait des légumes, des fruits, mais dès qu'il y avait une pointe de beurre, du lait, ou du fromage dans les plats, il n'en voulait pas.
Je ne vous rappelle pas ce que le cliché le plus lourd à gérer dans notre société, c'est que l'enfant a besoin de laitage pour l'apport en calcium.
Exemple merveilleux qui fait culpabiliser la maman si l'enfant choisit de ne pas manger de laitage.

Cliché absolument, il va manquer de calcium, tu dois forcer ton enfant à ingurgiter le fromage, et le lait, et tout ce qui répondra à son apport même s'il n'en veut pas.

Outrage à magistrat, je choisis d'être une mauvaise mère en écoutant les choix de mon bébé, en respectant son choix.
Seize ans après, et une prise de conscience qu'il pouvait choisir différemment, les laitages ne font toujours pas partie de sa vie.

Quel cadeau merveilleux que d'apprendre à être maman pour l'enfant qui te choisit ?
Ce qu'il y a de chouette quand tu es maman pour la première fois c'est que tu te consacres à bébé et uniquement à bébé, et tu as le droit, c'est « normal » !

C'est super reposant car tu n'as plus besoin de jouer à la femme de … ni à la fille de … ni à quiconque puisque quand tu deviens « maman » ben t'as le droit de n'être que maman pendant quelques temps.

Là où ça se complique c'est quand bébé grandit tu redescends sur terre et tu retournes à la réalité.
Et tu redeviens tous les rôles épuisants mais il te manque des heures de sommeil et en plus tu stresses un max parce que bébé dépend de toi pour tous les besoins primaires !!

C'est un peu, pas beaucoup, ironiquement fatigant !
Fatigant ? mais t'es dingue ! C'est épuisant !
C'est super lourd d'être tous ces personnages à la fois, en plus, tu as toujours quelqu'un pour te dire que dans ton rôle de maman t'es pas la hauteur parce qu'il faut faire ou ne pas faire comme si ou comme ça.

Qui sommes-nous finalement c'est là la question ?
Nous sommes conçus et façonnés pour répondre à la réussite sociale de nos parents et du mode de leur éducation et des besoins de leur époque, qui permettra de répondre aux attentes que leurs parents avaient avant cela etc. …

C'est mon point de vue, ma conclusion à moi et je ne suis pas en train de dire que j'ai la réponse à tout mais je donne mon point de vue pour expliquer d'où me vient ma recette de mon Bonheur à moi et ce, malgré toutes ces lourdeurs qui ne m'appartiennent pas mais dont j'ai eu le courage, la conscience de me détacher pour respirer, vivre mon bonheur et pas celui de quelqu'un d'autre qui ne l'atteindra jamais de surcroit.

Quand je réfléchis, je me dis que nous suivons le schéma comme tout le monde et si on sort des rangs, on est catalogués de marginaux.
Toute une vie on fait selon le modèle inculqué, selon la norme.
Mais toute cette vie, on oublie d'être.

Tu connais le jeu du QUI SUIS-JE QUAND ?
Prends une feuille blanche et écris cette question.
Puis tu listes tout ce que tu fais dans une journée, genre : fumer, boire du café, prendre une pause déjeuner de 12h à 12h45, manger de la soupe l'hiver, faire un régime avant l'été, pleurer devant un film d'amour, chanter fort dans la voiture, faire les courses tous les mardis soir, fumer une cigarette après l'amour, stresser avant un examen, etc…

Ecris tout ceci sur un papier et tu verras que si tu demandes qui suis-je quand je fais tout ça, y a des trucs qui te feront sourire car ce n'est pas toi.
C'est un exercice super top car tu verras que tu fais des tonnes de trucs par habitude, par mimétisme, mais ce n'est pas toi, tu recrées un schéma.
Déchire cette liste si tu choisis de casser le schéma.

EXERCICE TRES PRATIQUE !!

Je te propose quelques exemples,
Je t'invite à continuer ta propre liste,

Qui suis-je quand :
- *Je pleure devant un film d'amour,*
- *Je mange du chocolat après les repas,*
- *Je ronge mes ongles,*
- *Je fume après l'amour,*
- *J'ai peur du vide,*
- *Je fais des crêpes tous les mercredis,*
- *Je déteste les films de guerre,*
-
-
-
-

Tu en veux encore une de question qui ne veut rien dire et pourtant en dit long ?

Question que tout le monde te pose :

« Qu'est ce tu fais dans la vie ? »

Ta réponse est :
Je suis : Infirmière, Avocat, Caissière, Vendeuse, etc.
Ou pire encore la réponse la plus horrible à entendre « Je ne fais <u>rien</u>, je suis Maman au foyer, je m'occupe de mes enfants ».
Beurk, je vomis.

Tu n'es pas infirmière, avocat ou vendeuse, tu es toi stp.
Tu exerces le métier de caissière, avocat ou infirmière.
Tu n'es pas ce que tu fais.

Oui ok, c'est juste une question de vocabulaire.
Si « tu es » avocat ou médecin ou responsable de service de machin chose, la réponse de l'autre sera, « ah, tu as bien réussi ».
Moi, je dis mdr !!!!
Tu exerces un métier dit « noble » par cette société, alors, tu as réussi.

Franchement, tu n'en as pas marre des clichés ?

Ben non, la maman au foyer n'est pas rien et elle ne fait pas rien.
Elle est, elle, et a choisi de s'occuper de ses enfants pas d'exercer un métier.
Est-elle différente de toi ?
Est-elle moins dans la réussite que l'avocat ?

Toi tu fais fonction de, alors tu crois que tu es en fonction de ce tu fais.
Ben non chérie réveille-toi un peu qui es tu ?

Dans cette réalité j'exerçais des métiers non catégorisés, qui ne rentraient pas dans des cases.
Mais comme il faut tout qualifier dans la vie, on me disait polyvalente, multi-casquettes.
Et oui, je ne me cantonnais pas à une seule et unique tâche.
Alors les dirigeants des différentes structures intitulaient les postes que j'occupais en me limitant et me catégorisant en fonction de la « norme ».
Sans oublier de me catégoriser au minima pour ne pas agresser les orgueils fragiles.

C'est quoi le problème ?

Pour moi aucun, ils pouvaient mettre ce qu'ils désiraient sur les fiches de paye et les contrats de travail car moi, je savais que le métier inscrit ne faisait pas de moi ce qui était écrit.
Je restais malgré tout moi !

Plafond et moi sommes d'accord pour dire que le jour où j'ai entrepris mon voyage à la découverte de moi, ça a été le rôle le plus important de ma carrière d'actrice, Olivia l'Exploratrice !!!

Quel choix ! Quelle découverte !! Quel cadeau !

En fait, pour être franche, QUELLE PRISE DE CONSCIENCE !!!!
Et oui, c'est une prise de conscience que je connaissais du monde, oui, mais la seule et unique personne, la plus importante de ma vie, je ne la connaissais pas !

Quand j'ai découvert que j'avais une rencontre incroyable à faire, c'est tout excités que Corps et Esprit ont commencé leur dilemme conscient !!!

Alors que j'étais en tête à tête avec Plafond Blanc, je me suis demandée ouvertement, avec toutes les personnes que j'ai accompagnées, aidées, soutenues, pourquoi est-ce qu'aujourd'hui je me retrouve seule en présentiel de Plafond Blanc ??

Quel genre de meilleure amie j'aurai aimé avoir dans ma vie dans un moment aussi pénible que celui de converser avec Plafond Blanc (avant de me diriger à l'intérieur de moi lol)
Mais ouiiiiii, la question était celle-là !
Après réflexion, et surtout après avoir longtemps détaillé ce que j'aurai apprécié, aimé, comme attentions, cadeaux, visites, intentions, présence, bref, après avoir fait toute l'éloge de ma meilleure amie qui m'aurait donné le Smile, j'en suis arrivée à la conclusion que je voulais une meilleure amie comme celle de mes amies, Moi !

Je reste convaincue que faire quelque chose ne fait pas de toi qui tu es.
Tu pourras faire le tour du monde à la recherche d'un meilleur pour toi, mais il est là ton monde à toi, à l'intérieur de toi.
Tout est question de choix et de volonté.
Comment te rencontrer toi ?
Laisse-toi aller à ta rencontre.

Etre soi, c'est une question de complétude. Lorsque tu es toi, et cela reste mon point de vue,

tu n'as plus besoin de rien d'autre pour trouver ton Bonheur.
Tu sais de quoi tu as envie toi, puisque tu sais qui tu es.
Tu ne ressens plus les besoins que la société t'impose pour être bien, heureux ou autre.
Mais tu sais ce dont tu as envie, c'est la grande différence.
Ceci tu peux t'en rendre compte facilement quand tu es seule.

D'abord la question qu'il faut se poser dans ce cas-là.

Quelle relation ai-je avec la solitude ?

Tu sais que le thème de la solitude pourrait faire partie d'un chapitre tout entier que l'on intitulera Solitude Vs Solitude, ou le cadeau de la solitude.

La Solitude
Vs
La Solitude

Wouhhh !!!!

Voilà un mot qui fait frissonner, et qui donne même en envie de fermer le bouquin parce que dans cette réalité, la Solitude est un gros mot, une injure, un état de fait, qui, fait peur !

Qui parmi vous, très chers lecteurs, restent seuls par moment ?

Qui parmi vous sait rester seul avec soi-même ?

Pourquoi je parle ici de la Solitude puisque je souhaite un partage avec le plus grand nombre ?
Tout simplement parce que mon Smile me provient aussi de cette rencontre avec moi-même qui m'a été offerte grâce à la solitude.

Ce mot fait peur, car il a été jugé par la société, parce qu'associé à Souffrance.

Pourtant, si tu regardes la solitude avec ton propre regard, tu pourras constater le cadeau qu'elle est à elle toute seule. (Sympa le jeu de mots !!!)

Merci de reconnaitre que lorsque nous cherchons le positif, avec un regard positif, tout devient positif.

Nous serons d'accord pour dire qu'il y a différents moments où l'on peut ressentir la solitude, mais est ce que ce sentiment doit être douloureux, ou la question la plus juste est :
Pourquoi se sentir seul fait mal, pourquoi souffrons-nous de la solitude ?

Je t'invite à te poser une autre question :
Et si la solitude faisait du bien, et si la solitude était jouissive ?

Hummm…
Soit, c'est un sourire qui se dessine sur ton visage, soit, tu as fermé le livre en te disant que Olivia a craqué, parce que la solitude est forcément un « bad trip ».

Voilà mon point de vue et ma perception sur la solitude.
Pour moi, elle est l'ouverture à de nombreuses possibilités.

C'est la raison pour laquelle elle a été blasphémée.
Imagine-toi si tout le monde se complaisait dans la solitude, personne ne pourrait avoir d'emprise sur personne.
Ni les gens, ni les politiques, ni les administrations, personne ne pourrait contrôler personne.

Et si nous changions la perception de la solitude et qu'elle devenait une super mode, et que la société mettait en évidence que celui qui sait vivre seul et heureux est le maître du monde ?
Tu devines ce qui se passerait, tout le monde tenterait ce nouveau concept.

Est-ce que la solitude fait souffrir volontairement ou est-ce le jugement que la société lui attribue qui fait mal ?

Comme je l'ai mentionné plus haut si tu es seul, tu es jugé de tout plein de trucs tels que marginal, asocial, différent, exclu de la société.

Cet état de fait génère chez la personne qui se sent seule, un moral en berne et forcément un état de souffrance.

Par contre, si on changeait la donne, et que soudain la solitude était associée à une intelligence hors norme, une beauté sans pareil, une popularité extrême et autres critères supers positifs, tous ceux qui sont seuls se sentiraient supérieurs aux autres.

Souvent sur les réseaux sociaux on voit des publications qui associent la solitude à la tristesse, à la morosité, à l'isolement.

Et si nous cessions de vivre dans le jugement tu pourrais vivre la solitude comme un cadeau ?

En ce qui me concerne, la solitude m'a permis de me rencontrer, et de me connaitre.

Elle m'a permis aussi de comprendre que pour être accomplie je devais faire des choix qui me concernent moi et pas les autres.
Et grâce à la solitude, je ne peux plus souffrir d'elle ou de son sentiment qui lui incombe, tout simplement parce que nous cohabitons.

Toute la vie nous cherchons à combler un manque, et assouvir nos besoins.
Notre vie est gérée par des « il faut que ».
Donc, si nous n'avons pas satisfait tous les « il faut que », alors, on est en recherche perpétuelle.

Souffrir de la solitude provient du manque et de la perception que nos besoins ne sont pas assouvis.
L'être humain fonctionne avec les regrets du passé, la frustration et la peur du lendemain, donc le stress.
La solitude fait souffrir car elle fait partie du passé, et du futur en même temps.

Pour moi, la solitude, comme pour les germaniques, je la dissocie de ce sentiment de souffrance.
Tu peux souffrir de tristesse, de manque, d'une blessure, mais la solitude, qu'est-ce qu'elle t'a fait de mal ?

Je vais te donner mon point de vue sur la question, je vais te partager comment je vis la solitude au quotidien.

Je te rappelle que ce livre est un moment de partage, et que je n'ai pas claqué des doigts et comme par magie je vois la vie en Smilant.

Non, c'est un process que j'ai choisi de mettre en œuvre dans ma vie pour contribuer à mon Smile chaque jour.

Tout d'abord, exit le jugement de toi, et aussi, en même temps exit le jugement des autres, et des choses.

C'est un cadeau, tu t'allèges de poids inutiles qui te polluent la vie sans arrêt.

Ensuite, accueille la solitude comme un moment pendant lequel tu peux te concentrer sur toi et uniquement sur toi.

Faire abstraction de tout ce qui nous entoure, et oui, c'est se retrouver avec soi.

Inspire, et ressens l'air entrer dans tes poumons en passant par tes narines, et faire son chemin.

Puis tu expires par la bouche, et tu laisses ce moment en suspens.

Ça y est, elle veut nous faire faire de la méditation.

Appelle ça comme tu veux, moi, j'appelle ça mon moment à moi.
Pas de musique, pas de télévision, pas de téléphone, rien du tout, toi et toi, toi et ton Corps, toi et toi.

Ce moment qui n'appartient qu'à toi.
C'est comme être en orbite dans l'espace et le temps, en lévitation.

La magie que procure la solitude, c'est qu'elle permet de te rencontrer toi, comme je te l'ai expliqué plus en amont, j'ai découvert qui je suis, il n'y a pas très longtemps.

Avant, je pensais que pour être heureuse, il fallait que je contribue au bonheur des autres.
Aujourd'hui, je sais que pour donner quelque chose, il faut d'abord que je le possède.

Comment donner du bonheur à quelqu'un si toi tu ne l'as pas ?
Comment partager ton goûter, si tu n'as rien à manger ?

La solitude te procure la possibilité d'aller chercher en toi les ressources nécessaires à la constitution de ton propre bonheur.

Tu sais que tu es, donc, tu connais tes propres besoins et tu sais les assouvir.
Une fois que tes besoins sont assouvis, tu n'as plus besoin de rien, tu es dans une complétude totale.

Tout ce dont tu as besoin pour fonctionner ce sont tes propres ressources que tu dois aller chercher au fond de toi, et pas ailleurs.

Mais alors tu as besoin de personne pour vivre ?
Absolument !

De mon point de vue en tout cas, je peux t'assurer que je n'ai besoin de personne pour vivre.
Est-ce que ça fait de moi une sauvage ?
Absolument pas, puisque moi, Olivia je vis sans jugement aucun, je vis simplement et je suis simplement moi.
Pour vivre, et je sais de quoi je parle, j'ai besoin d'oxygène, et de mes fonctions dites « vitales ».
Je n'ai besoin de rien d'autre.

Comment sera ta vie quand tu seras en complétude ?
Comment sera ta vie quand tu n'auras plus de besoin ?
Est-ce que le fait de rester seule te fera souffrir ?

Est-ce que la solitude te fera peur ?

Pose-toi toutes ces questions et laisse l'énergie te porter.
Je sais que c'est un sujet qui aurait dû être lourd, mais je choisis de ne rien porter de lourd, ça fait mal au dos (lol).

Et la solitude est tout ce qui a de plus léger, parce que grâce à elle, je n'ai plus besoin de rien dans ma vie pour être heureuse et pour avoir le Smile, je l'ai trouvé en moi.

Maintenant, la prochaine étape est de perpétuer mon Smile, en choisissant tout ce qui contribue à ma vie orgasmique.

C'est alors qu'en super co-équipière, la solitude me permet de savoir ce dont j'ai envie pour sublimer mon Smile.

Effectivement, aujourd'hui, je suis en capacité de m'isoler, même en public, pour me questionner sur ce dont j'ai envie.
Combien de personnes ont une popularité énorme et un entourage de folie, famille, amies, copains, copines…et pourtant se sentent seules et souffrent de leur solitude ?

Combien de femmes mariées avec enfants, des nombreux « amis » et des activités à outrance se sentent seules et souffrent de la solitude ?

Qui n'a jamais rêvé de se réveiller le matin avec le Smile et excitée de la journée qu'il va passer ?

Je t'invite à te poser, accueille la solitude et permets-toi de trouver les ressources dont tu disposes à l'intérieur de toi.
Tu verras qu'ensemble, la Solitude et toi vous pouvez accomplir de belles choses très fun.

Ce qui est magique, ou logique, du coup, c'est que tu t'allèges de nombreux tracas, et de nombreuses souffrances grâce à la solitude.

En effet, lorsque tu sais ce dont tu as envie, tu vas directement le chercher.

Et surtout, tu n'es plus dans l'attente de quoique ce soit, ou, pire, de qui que ce soit, ce qui élimine toute dépendance, et toutes frustrations.

L'exemple qui me vient directement est celui des relations amoureuses.
Très souvent, on va chercher chez l'autre ce qui nous manque.

Et combien de fois nous sommes frustrées parce que l'autre ne nous donne pas ce qu'il faut ?

Donc, les couples se désunissent parce qu'ils se sont trompés.
Ils n'arrivent pas à assouvir leur besoin personnel.

Ce cas de figure ne pourra plus t'arriver.
Tout simplement grâce en partie à solitude qui est devenue ta super copine.

Tout d'abord, tu n'as plus peur d'être seule, donc tu n'as pas choisi ton compagnon pour assouvir un manque, mais tu l'as choisi parce que tu en avais envie.

Une personne qui se sent seule et qui veut combler un manque, va s'unir à un personnage pour colmater une brèche.

Une personne qui n'a pas de besoin mais une envie, n'aura pas le même regard.
Quand tu as envie de cette personne pour partager des moments de ta vie, c'est un choix que tu fais en conscience.
Ce n'est pas un besoin que tu combles.
Quand tu as envie d'être avec quelqu'un c'est parce que cette personne sera une contribution à

ton Smile, donc, tu la choisiras par envie et non par nécessité.
Elle n'en sera que plus exaltante.

Comment sera ta relation de couple quand tu auras choisi ton compagnon par envie et non pas besoin ?

Etre avec une personne par envie de la personne, de tout ce qu'elle a à partager avec toi.

Je te laisse te poser la question.

Comment sera ma relation amoureuse avec un homme dont j'ai envie ??
Hmmm..

La solitude est avec toi, et pour toi, une contribution énorme quand tu la vois comme une clé à ta complétude.

En finir avec la peur de la solitude c'est l'accueillir dans ta vie comme une contribution.

Comment cette nouvelle conception de la solitude peut-elle nous donner plus encore le Smile ?

Vivre au présent

Qu'est-ce que le présent représente pour moi ?
C'est le moment que je vis, que je respire, ce sont les émotions que je ressens à l'instant T.

Tu es en train de respirer l'oxygène de ce moment alors, fais que ce moment compte pour toi !!

Le présent est aussi le mot que l'on utilise pour décrire un cadeau, oui, le présent est un cadeau que nous devons savourer à chaque instant.

Crois-moi, il a un goût particulièrement délicieux.

Le choix de vivre au présent a changé ma vie toute entière.

Pour moi, hier, c'est fini, c'est terminé, c'est passé…
Je ne peux plus rien faire pour hier.
Je n'ai pas fait ceci ou cela, j'ai préféré faire comme ça, bref, hier, j'ai fait mes choix, et hier n'est plus.
Vivre le passé c'est vivre avec des remords et des regrets.

Du coup, ma journée va être super pourrie car je ne ferai que penser à ce que j'aurais dû faire hier.

Bouhhhh, c'est super lourd à écrire, alors que j'ai fait le choix de vivre aujourd'hui !
Hier j'ai fait mes choix, et hier est fini, je ne peux plus rien faire de « HIER »,

Par contre, aujourd'hui est bien là, là, où j'écris ces lignes pour partager avec toi mon expérience, et mes choix, il existe ce moment.
Je ressens à l'intérieur de mon corps une douceur qui provoque un sourire sur ma bouche et mes yeux se remplissent de joie, ils sourient eux aussi et Corps est heureux.

Corps sourit lui aussi avec légèreté car nous sommes dans le moment présent.

Présent c'est pas le synonyme de cadeau ???
Oh mais oui, alors le moment présent serait un cadeau ???

Pour Corps et moi c'est le cas, c'est le choix que nous faisons.
Respirer et apprécier le moment que nous vivons car hier, est fini, et c'est maintenant qu'il nous faut respirer pour oxygéner nos poumons.
C'est maintenant tout de suite que nous sommes, et c'est maintenant que mes sourires sont là et que je les apprécie.

Et si tu choisissais de vivre le présent comme un cadeau, quels choix tu ferais pour le sublimer ?

Tu sais que demain n'existe pas encore, c'est la raison pour laquelle je choisis de ne pas y réfléchir.

Certes j'ai des projets de vie, mais si je m'inquiète pour demain, je vais vivre maintenant avec le stress de savoir comment sera demain ??

Et c'est là que Corps entre en scène, et mes bras se raidissent, et mes doigts écrivent au plus vite pour terminer ce paragraphe.

Si maintenant je pense à demain, comment je fais pour ressentir et vivre mon moment, mon cadeau de maintenant ??

C'est en vivant maintenant que je permets à demain d'être encore plus fun plus beau, plus exaltant.

Je suis là dans mon moment, à prendre du plaisir à écrire et ressentir du Fun et de la joie à partager mon fabuleux voyage vers mon bonheur parce que c'est une envie pour moi, c'est Fun.
Corps et Esprit sont là tous les deux et prennent plaisir à ce partage.

Prendre du plaisir dans le moment présent, c'est là, l'essence même de mon bonheur à moi.
Pourquoi prévoir de respirer suffisamment aujourd'hui, au cas ou demain on aurait un manque d'air parce qu'hier on a oublié à deux reprises de bien s'oxygéner ??
Grrrrhh.

Prends conscience du cadeau qu'est ta vie, en ce moment présent, et respire ta vie avec le Smile !

Un cadeau se doit d'être Fun et appréciable, sinon il ne s'appellerait pas un cadeau mais un fardeau.

Ce qui est drôle et amusant c'est de cesser de tout intellectualiser, de donner réponse à tout.
Tu imagines une vie où tu te dois de tout expliquer ?

Où est le côté magique et féerique si tout devient rationnel ?

Depuis que j'ai choisi de me choisir, j'ai un nouvel ingrédient pour aromatiser mon quotidien et ma foi.
Il épice drôlement bien mes journées puisqu'il contribue à ma joie de vivre et à mon Bonheur.

Le rationnel c'est chouette, mais ce n'est pas vraiment pour moi.
Le mystique et le mystère de l'Univers et des énergies me fascinent beaucoup plus.
J'ai choisi de vivre et de choisir en conscience.
Cette nouvelle façon de procéder exalte mon Smile.

Effectivement je pouvais continuer de vivre en faisant semblant de ne pas savoir, mais quand on sait que l'on sait, comment faire comme si on ne savait pas ??

En ce qui me concerne, je ne pouvais plus faire comme si je ne savais pas que je sais.

Quand on sait qu'on sait, on peut faire croire aux autres que l'on ne sait pas, mais on se ment à soi-même et je dois avouer que j'exècre le mensonge.

Oui, je sais, je suis mal barrée dans cette réalité, je suis entourée de mensonges et souvent je ne dis pas aux gens que je sais qu'ils mentent car eux même sont convaincus que leur vérité est la vérité.

Alors que faire ?
La réponse t'appartient puisque tu es le seul responsable de tes choix, mais en ce qui me concerne, je reste en conscience, et je me fais entièrement confiance.
Je choisis en conscience, car j'ai confiance en moi.
Je sais que je sais, et comme je vis sans jugement, je ne juge pas mes choix, ni les choix des autres, chacun est responsable de ses propres choix.

Oui, je suis d'accord, tout le monde ne fonctionne pas comme moi, mais est-ce important ?
Chacun fonctionne comme il le choisit, en conscience ou pas, mais moi, pour vivre avec le Smile, et heureuse, j'ai choisi.

Je n'ai jamais dit que c'était facile tous les jours, d'ailleurs, facile est un jugement, et je ne souhaite pas juger, mais pour mon confort, pour être en harmonie avec moi, je vis avec ce qui est une contribution pour moi.

Tu n'as jamais fait un truc alors que tu savais pertinemment qu'il ne fallait pas que tu le fasses ?

Dis-moi que jamais tu as eu ce que l'on appelle une intuition que tu n'as pas suivie mais que tu as regretté de ne pas suivre ??
Mais oui, c'est arrivé à chacun d'entre nous et plus d'une fois !!

Si tu avais choisi de te faire confiance, tu aurais suivi ton intuition, et tu aurais eu le Smile !
Parce que tu avais conscience que c'était une contribution pour toi.
Toutefois, tu as choisi d'en faire « qu'à ta tête ».
Esprit a pris le dessus, il a été plus fort que toi.

Qu'en dit ton Corps ??
ahaha, tu ne lui as pas posé la question pourtant quand tu n'as pas suivi ton intuition il s'est passé des tas de trucs bizarres dans ton corps tels que des lourdeurs, ou autres inconforts pesants.

Et conclusion de l'histoire tu as pensé un truc du genre : « merdalors, je le savais, je n'aurais pas dû ».
Pourtant tu l'as fait, mais au fur et à mesure que tu prendras conscience de ton entière responsabilité de tes choix, tu te fieras à ton intuition et ton corps t'aidera en te soutenant.

Et oui, des choix qui n'étaient pas une contribution pour mon Smile, j'en ai fait.
Forcément, j'en ai fait et même beaucoup parce que je n'avais aucune confiance en moi sinon Corps ne m'aurait pas dit STOP, et je ne serais pas en train d'écrire ce bouquin.

Aujourd'hui, je sais que la première réponse que j'obtiens sans réflexion, c'est Intuition qui me la donne.
Si j'hésite avant de prendre une décision, je demande à Corps.

A ce jour, je suis franche avec toi, je n'hésite plus, je sais que je sais.
Mais avant d'en arriver là, je savais que je savais, mais je suivais ma tête avant d'écouter Corps, du coup, je me plantais.
Et je me remercie d'avoir fait ces choix, ils m'ont permis de me conforter dans l'idée que Corps sait, et qu'Intuition sait.

hihihihi, je te donne une anecdote :
Alors que j'expérimentais ma communication avec Corps, je lui demande s'il veut aller nager.
Sa réponse est Oui,
Je me prépare à aller à la piscine à une dizaine de kilomètres de chez moi.
La météo n'étant pas assez clémente pour aller nager à la plage, je me prépare à aller à la piscine.
Mais Corps devient lourd et ne semble pas enthousiaste à l'idée d'aller à la piscine, pourtant sa réponse pour aller nager reste ouiiiii.
Pourtant, quand je lui demande si on choisit la piscine où on a l'habitude d'aller, sa réponse est non.

Comme je ne suis qu'à un stade expérimental de ma communication, je ris et je lui dis « t'es sympa mais si tu veux aller nager on est obligés d'aller à la piscine ».

Nous montons dans la voiture et c'est sans enthousiasme et les jambes lourdes que je conduis et que je chante sans trop d'excitation.
Jusque-là je ne comprends pas, même si je sais que Corps avait dit non.

J'arrive sur le parking de la piscine, je sors de la voiture les jambes hyper lourdes et là, en face de moi, je peux lire un grand panneau sur lequel est écrit :
Piscine Fermée exceptionnellement pendant 3 jours.

Hihi, tu ne peux que rire, quoi d'autre ?

Corps a dit oui pour nager, mais non pour aller jusqu'à la piscine, tu sais qu'il sait, mais tu fais tes choix en conscience, et tu es seul responsable de tes choix, personne d'autre !

Que sera ta vie quand tu prendras conscience que tu sais, et que ton Corps sait ?
Comment seront tes choix quand tu auras confiance en ton intuition ?

MIJOTE DE BONHEUR

Ici je ne te présenterai qu'un plat unique que j'ai intitulé :

« **MIJOTE DE BONHEUR ACCOMPAGNE DE SES METS OUBLIES** ».

Oh, ben ils ne sont pas si oubliés que ça mais c'est vrai que dans cette réalité, on laisse déborder le bouillon de la vie et que se passe t'il ??

On mange souvent à la va-vite en pensant au repas d'après…
Ce n'est pas vraiment savoureux tout ça …

Fini les ingrédients raffinés qui agrémentent notre vie et surtout qui la rendent onctueuse.

L'Intuition
&
La Volonté

Tu te souviens de ce sens inné, ce petit truc qui fait parler ton corps et te motive mais qui est souvent, très souvent stoppé par ton esprit empreint de tous les schémas et clichés dans lesquels nous avons été élevés, éduqués, formatés ?

Ce petit truc qui est souvent laissé de côté, c'est :

L'Intuition

C'est une idée, qui t'arrive direct, mais que tu n'écoutes pas souvent.
Tu ne te fis pas à elle, et pourtant, par la suite, l'Univers te met face à l'évidence, tu aurais dû suivre ton intuition, car elle avait une fois de plus, Raison !

Hihihi, Ton intuition te l'avait déjà dit !!!!
L'as-tu suivi cette belle et chère amie ?
Heuu ?? pas vraiment, souvent même tu n'en as fait "qu'à ta tête".

Et ouiiii, une fois de plus tu as écouté le moulin là-haut qui te sert de cerveau et tu n'en as fait qu'à ta tête au lieu d'écouter ton corps et ta première idée. Et ouiii coquine que tu es, parce que tu as oublié de te faire confiance et de suivre ton intuition.

Je n'aurai de cesse de rappeler combien il a été important pour moi d'apprendre à communiquer avec mon corps !!!
Il sait TOUT ce qu'il nous faut à nous, Esprit, Corps et Moi !!
Il ne ment pas, et ne mouline pas !!!
C'est Ouiiiii ou Non, pas de milieu !!!
Tu ne me crois pas, alors on va faire un test, tu es d'accord ?

Pose une série de questions à une personne et elle doit te répondre SANS réfléchir, on appelle ça, du tac o tac.

Toute une série de questions, sans pause ni arrêt d'attente de réponse, et tu verras les réponses te surprendront à toi et celui que tu as questionné, car

s'il avait pu prendre le temps de réfléchir, à mon avis, tu n'aurais pas eu les mêmes réponses.
Tout simplement parce que c'est son esprit qui aurait répondu, des réponses données en fonction de son éducation, ses schémas, le contexte.

Notre intuition est toujours la bonne puisqu'elle nous appartient.
Elle est sans filtre ni pollution.

Alors pourquoi ne suivons-nous pas notre intuition puisque c'est notre vérité ?
Simplement parce que nous ne lui faisons pas confiance, comme nous ne nous faisons pas confiance.
Parce qu'une fois de plus, je te rappelle que nous fonctionnons comme on nous apprit à fonctionner.
Nous réfléchissons et agissons en fonction de notre éducation de notre milieu social.
Nous sommes comme un plat cuisiné, en fonction des goûts de chacun, avec les ingrédients qui ressemblent à tous les autres mais plus ou moins épicés.

Lorsque j'ai décidé de vivre en conscience, le choix de choisir était inévitable.

Qui peut choisir pour toi mieux que toi-même ?
De mon point de vue, vivre en conscience que nous sommes seuls responsables de nos choix nous permet de choisir pour soi ce qui génère une énergie de gratitude car nos choix conscientisés sont forcément bienveillants.

Si tu n'es pas sûr de ton choix alors n'oublie pas de demander à ton meilleur ami : Corps !
Suis ton intuition, même si ça fait mal, on oublie, qu'on a eu mal.
Suis ton intuition et rassure toi en demandant confirmation à ton corps !!!

Souris à la vie, elle est un cadeau, chéri la, elle est à toi.
Fais toi confiance, tu es le seul maître à bord.

Ta vie, c'est toi qui la crées, tu es la seule personne à savoir ce dont tu as envie.

Toi seule peut te rendre heureuse, et partout où tu iras, tu seras heureuse puisque le bonheur est en toi, tu le transportes partout, et tu vibres le bonheur.

Pas d'excédent de bagages, le bonheur est léger, tu l'as en toi.

Intuition + Confiance = CHOIX = SMILE

Tu sais que tu as le choix de choisir.
Quel ingrédient choisirais-tu pour choisir de choisir ??

LA VOLONTE

Est un ingrédient qui semble être présent mais souvent laissé au congélateur pour au cas où.
Mais la volonté est un ingrédient dont on ne peut se passer.
C'est l'intention de faire ou ne pas faire quelque chose, la détermination.
Si tu as l'intention de faire ou ne pas faire quelque chose dans ta vie, n'importe quelle action aussi grande que petite, c'est ton choix, personne ne peut aller à l'encontre ou t'obliger.

Pourrais-je dire que la volonté détermine tes choix ?
Absolument oui et indéniablement oui.

Alors pourquoi faisons-nous des choix qui ne sont pas bons pour nous ?

Et c'est là que la notion de choix est extraordinaire, car pour moi, il n'y a pas de bons ou mauvais choix.
Nous faisons les choix qui nous sont utiles sur le moment M.
Quand nous savons que nous avons le choix de choisir, cela veut dire qu'en tant que responsable de mes choix, tout n'est pas figé.
Je choisis de choisir.
Tu penses que le choix que tu as fait n'est pas au top pour toi, alors active ta volonté de choisir autre chose, et agis.

Si tu n'avais pas choisi tu ne saurais pas que ce n'était pas ce choix que tu aurais dû choisir !
Sois reconnaissant envers toi d'avoir constaté et choisi autrement.
Si on t'avait dit que ce choix n'était pas top pour toi, tu ne l'aurais jamais fait.
Qui est « on », s'il te plait, qui est responsable de tes choix, qui peut choisir pour toi si ce n'est toi ?

Avoir conscience de sa responsabilité totale de ses propres choix te libère car seul toi peut choisir pour toi.
Sans te juger bien entendu, mais avec gratitude envers toi d'accueillir cette responsabilité.

Humm, qu'il est bon et libérateur de te savoir seule responsable de tes propres choix.
Tu vois cette multitude de choix qui s'offrent à toi ?

Et encore, tu n'as pas encore reçu et découvert l'infinité de choix que tu ne connais pas encore.
Une infinité de possibilités s'offrent à toi.
Mais comment ne pas se tromper de choix ?

Ben tu ne peux pas te tromper, ni te casser la figure puisque tu es seul responsable de tes choix.
Comment seraient tes choix si tu avais la volonté de suivre ton intuition ?

Quand tu choisis de faire un cadeau à ton amoureux, tu cherches à lui faire plaisir, ton intention est dotée de bienveillance.
Qu'en est-il pour ta vie à toi, ton quotidien et les choix que tu fais pour que ton quotidien soit heureux ?
Il semble que choisir avec bienveillance est naturel, car c'est ainsi que tu souhaites évoluer, avec bienveillance.
Si tout ce que tu fais, choisis, est doté de bienveillance, tout ce qui en résultera sera bienveillant.

C'est une des raisons essentielles pour lesquelles tu dois intégrer la Gratitude dans ta vie.
La Gratitude est la reconnaissance pour un service, pour un bienfait reçu, un sentiment affectueux envers un bienfaiteur.
Manifester sa gratitude envers quelqu'un.

Combien de fois tu remercies une personne qui te donne un cadeau ?
Cela te semble tout naturel, simple, et « normal », car c'est ainsi que tu as été éduqué, et la bonne éducation dit que lorsque tu reçois tu remercies.
Je suis d'accord, avec cette notion, mais j'ai une question pour toi, combien de fois tu t'es remerciée pour tout ce que tu as accompli ?
Combien de fois as-tu ressenti et exprimé ta reconnaissance pour tout ce que tu as choisi jusqu'à présent, pour tous les services et les choix que tu as fait pour toi-même et à toi-même ?

Je n'ai de cesse de dire que l'esprit nous joue souvent des tours, et qu'il n'est pas forcément notre ami par contre notre corps lui, sait, et ne nous ment jamais.
Tu sais et tu as conscience maintenant que tu peux compter sur ton corps pour t'aider dans tes choix, et quoiqu'il arrive, il est là pour te porter.

Combien de fois as-tu exprimé ta gratitude pour ton corps qui te porte malgré tous les choix effectués, il ne t'a jamais laissé.

Quand tu ne l'écoutes pas il est là, alors dis-moi à quand remonte la dernière fois où tu as eu un sentiment affectueux envers ce bienfaiteur qui est là quoiqu'il arrive ?
Combien de fois as-tu dit « j'aurai dû faire comme j'avais pensé », ou « je le savais », et tu pestes un maximum parce que ouiiiii, tu savais, ta première idée était juste mais tu n'as pas fait comme tu savais, tu t'es laissé piégé par ta tête et ses engrenages.

Le fameux, « je le savais », c'est ton intuition qui te rappelle qu'elle est là, et que oui, elle a raison, toujours, toujours et toujours.
Mais comment faire pour avoir confiance en elle et la suivre toujours ?
A force de l'interroger et de ne pas la suivre, t'en as pas assez de pester et de râler que tu aurais dû ?
hihi
Ben, sors ta volonté du congélateur et ingurgite là comme de la potion magique, et écoute ton intuition, tu l'entends, souvent, presque toujours, mais tu ne l'écoutes pas.

Allé, hoppppp !!
Une bonne dose de volonté et je choisi mon intuition.
C'est un entrainement de chaque instant, jusqu'à ce vous vous fassiez mutuellement confiance.

Si tu écoutes ton intuition en plus de l'entendre, que tu ne l'ignores plus, elle verra que tu lui fais confiance et elle se manifestera encore plus.

C'est comme lorsque tu veux des gros muscles, tu fais du sport, et tu t'entraines tous les jours, et dans l'intensité des entrainements tu constates les résultats.

Ici, c'est pareil.

Tu transformes tes regrets par des Smiles.
Sympa comme concept, fun et ludique, tu choisis en fait !

C'est aussi simple que ça, et quand tu auras choisi, ça se fera instinctivement, ce sera ta nouvelle vie.

La Gratitude & La Vulnérabilité

LA GRATITUDE

« La gratitude est la reconnaissance pour un service, pour un bien reçu. »

Oui, vas-y relis donc cette phrase qui est remplie de tous les sens.
Tout ce que tu choisis t'appartient
Tout ce que tu choisis, le Fun, le Smile, le Chaos. Le Chaos aussi, entend bien que c'est dans le chaos que nous choisissons le plus fréquemment. Tu choisis de vivre le Chaos, le bordel, la merde dans ta vie pour choisir ce que tu ne veux plus dans ta vie.

Pour moi, c'est le début du changement, tu reçois la merde de la vie dans la figure et là, tu te dis, non merci, je ne choisis pas ça du tout pour moi.

Mais oui, sois reconnaissante envers toi d'avoir su vivre le chaos, il te permet de choisir.
A quand remonte la dernière fois où tu as eu de la gratitude pour tous tes choix, tout ce que tu as entrepris, réussi, échoué ?

Ressentir de la reconnaissance envers une personne qui nous fait un cadeau, c'est « normal » et ressentir de la reconnaissance pour ce merveilleux cadeau que nous vivons, et que nous sommes est, ou devrait être « normal ».

Souris à la vie qui se déroule à toi tel un présent, un merveilleux cadeau dont toi seule est responsable.

Je t'invite tout de suite, à ressentir de la gratitude envers toi pour tout ce que tu as choisi jusqu'à présent, et ce, pour tous tes choix !

Je t'invite à fermer le livre quelques instants, ferme tes yeux aussi, prends conscience de toi, et souris, dis merci à ton corps et merci à toi d'être.

Fais-le encore et encore, quel plaisir de ressentir cette gratitude infinie pour l'être que nous sommes !!
C'est émouvant, n'est-ce pas ?

Tu ressens cette douceur sur ton visage ?
Tu ressens cette douceur sur ton sourire qui se dessine grâce à ce sentiment profond et pur, bienveillant et fun ? C'est ça, la gratitude.

Oui, tu peux, c'est un choix que tu fais en conscience et avec bienveillance.

Tu es peut-être émue, tu as le droit, tu ressens soudain un lot d'émotions qui remplit tout ton corps, tout ton être, et tu ne sais pas d'où ça vient, sans aucun jugement laisse toi aller et gratitude infinie envers toi, tu accueilles ce que j'appelle :

LA VULNERABILITE

Quel cadeau incommensurable que d'être vulnérable !
Ça ne va pas avec tes principes car avoir ou ressentir des émotions c'est pour les faibles ?
Ok, mais si tu as lu ce livre depuis le début, tu es déjà passé par le chapitre sur le jugement, et nous vivons désormais sans jugements des autres, et encore plus extraordinaire sans jugements de soi.

Être vulnérable est souvent associé à la faiblesse.

Comme la solitude est associée à la souffrance.
C'est ton choix de penser ainsi.
Est-ce que c'est toi qui penses ça ou tu l'as entendu dire ?

Lorsque nous nous faisons le cadeau d'être vulnérable nous pouvons tout vivre et être soi.
Tu sens cette liberté d'être soi, en étant vulnérable tu peux tout accueillir, sans aucune limite.

Qu'est ce qui se passerait si tu n'avais plus d'intolérance à recevoir des émotions comme la tristesse ?
Tu vis ta tristesse en la recevant au moment M et sans aucun jugement.
Ça veut dire que tu ne dois pas taire la tristesse et la porter en toi en cachette pendant un temps illimité.

Et si vivre la tristesse au moment où elle se présente, en temps réel, nous permettait de la vivre et de passer à autre chose une fois vécue ?

C'est comme si tu vaincs ce sentiment pas agréable sur le moment où il vient à toi.

Pas besoin de vivre avec elle, non, tu la combats direct tel un guerrier sur le champ de guerre.

Ce n'est pas vraiment être faible pour moi, bien au contraire, c'est faire preuve de courage que de recevoir une émotion et de la regarder bien en face.

Considères-tu comme glorieux de réprimer la tristesse et de la cacher dans un coin de ton cœur et de vivre chaque moment de ta vie avec cette part de tristesse cachée ?

C'est un point de vue qui se défend, mais comme c'est mon livre à moi et ma vie à moi et surtout mes choix à moi que je te raconte ici, je vais te donner mon point de vue à moi.

Affronter et accueillir les émotions et les sentiments, quels qu'ils soient c'est super courageux, et vivre avec Vulnérabilité c'est plus fort que de la réprimer.
Quand j'ai choisi de vivre mes émotions, et d'être moi, c'était aussi accueillir la vulnérabilité.
J'ai pu vivre des moments que je ne faisais que survoler.
J'ai pu vivre un deuil réprimé pendant 23 ans.
Pendant 23 ans j'ai géré ma peine cachée et dans tout ce que je faisais il y avait toujours cette part de tristesse cachée au fond de moi qui revenait.

23 ans à m'interdire d'accepter que j'aie le droit d'être triste et malheureuse.
C'est alors que je choisis d'accueillir Vulnérabilité dans ma vie et à la date fatidique que je réprimais depuis 23 ans j'ai pleuré toutes les larmes de mon corps.
Un deuil réprimé pendant 23 ans, une tristesse incommensurable qui a géré toute ma vie les émotions que je m'interdisais de vivre.

Aujourd'hui, c'est, légère et fière au bout de 23 ans que j'accepte de vivre ce deuil, ma tristesse d'avoir été séparée de cet être merveilleux qui a passé ces 23 années caché dans une partie de moi.

C'est ainsi que la date de la 24ème année de deuil, je l'ai vécue avec tristesse en mémoire à ce jour si pénible de ma vie.
Mais depuis, j'ai pu vivre d'autres moments embellis par Vulnérabilité parce qu'aucune émotion n'a été réprimée.

Je sais que tout ceci est nouveau, et semble délicat, mais ça fait partie de moi, de ma vie, et gère mes choix.

Vivre chaque instant avec tous ses sens, c'est vivre en liberté totale d'Etre soi.

Vivre ma tristesse autant que mes joies, car dans cette réalité il faut se cacher pour être heureux car il faut des évènements particuliers pour se permettre de sourire, de rire.

Et si tu revivais toutes les émotions dans ta vie et que tu les vivais pour toi avec toi, est ce que tu deviendrais une personne faible, forte, ?
Quels jugements !

Depuis que je vis en conscience je n'inclue pas le jugement dans ma recette, c'est le non jugement que je prône.

De ce fait, je vis mes émotions comme je le désire, jusqu'à ne pas être triste parce qu'il faut être triste, ou heureuse lorsqu'un événement heureux se manifeste.

Et si je ressentais ce dont j'ai envie, en conscience, selon mes émotions à moi ?

GOURMANDISES PETILLANTES

L'Amour a de multiples définitions selon les cultures, et nous sommes tous d'accord pour dire que le mot Amour n'a pas la même résonnance selon le langage que l'on utilise.

Selon moi, et comme je vous l'ai dit tout au long de mon livre, j'ai une définition bien à moi de l'amour !!

Je n'ai rien inventé, elle est juste mon ressenti de ce qui en dégage à travers le mot.

Elle est l'image qui défile dans mon esprit lorsque je l'utilise.

Douceurs d'Amour

L'Amour, humm, voilà un sujet passionnant et délicat.

Permets-moi de te servir l'Amour en dessert, car pour moi, l'Amour est LA douceur incomparable dont on ne peut se passer dans la vie.

Que ce soit pour finir un bon repas, une petite douceur est bienvenue, dans un moment pénible, une petite douceur ma foiiii, et, et, et, dans tous les cas, et quoique l'on fasse, la vie toute entière n'est-elle pas plus belle, rayonnante, exaltante avec douceur ?

Oui, mais où allons-nous chercher cet amour dont nous aimons tant nous envelopper ??
Pas loin, vraiment pas !

Si tu souhaites trouver l'Amour de ta Vie,
Regarde dans un miroir,
Juste là, en face,
Il est là !

Depuis toujours, aussi loin que ma mémoire puisse aller, je dois avouer que pour moi, l'Amour n'existait que dans les livres.
La lecture est pour moi une culture, je suis habituée à nourrir mon esprit d'écrits et pour moi, c'est comme si c'était ma vie parallèle.

Il n'y avait que dans les livres que je trouvais cette paix intérieure qui me permettait de vivre un Bonheur simple et vrai.

Une fois le livre fermé, je retournais à la « vraie vie », sans amour, ni même espoir que cela m'arrive un jour.
Mais une fois dans ma chambre, je pouvais reprendre ma lecture et ma « vie fictive » et là… J'étais simplement bien.

En plus, je ne lisais pas n'importe quoi…
Du haut de gamme, le vrai de vrai, celui qui écrit l'Amour comme personne, Alexandre Jardin.
Et oui, rien que ça !!
Qui parmi vous n'a jamais rêvé d'être désirée comme Fanfan, ou de partir 6 mois sur l'Ile des Gauchers ?

Moi, j'étais Fanfan sur l'Ile des Gauchers en faisant une halte sur la tour jumelle de « Juste une fois ».
Oh que ouiiii, mais ça, c'était dans mes rêves les plus fous.

Longtemps, très longtemps, j'ai cru que j'étais comme « handicapée de l'Amour ».
Persuadée que l'Amour ne voudrait jamais de moi, et donc, je n'y ai jamais fait allusion ou même pensé pour moi en tout cas.

Alexandre Jardin, encore aujourd'hui, d'ailleurs, est pour moi, le seul et unique qui puisse écrire et relater l'Amour exactement tel que je l'imagine.

Tout ce que tu fais, et tout ce que tu penses, est généré par une éducation, la Société et toutes les valises que tu traines de générations en générations.
Ce sont les schémas, les clichés dont je parle depuis le début qui façonnent la personne que tu es.

Mais ça c'était avant !!

Depuis le début du premier chapitre de ce livre, nous savons que nous sommes, et nous avons conscience que nous sommes !

Maintenant c'est génial parce que, grâce à la contribution de Corps, et la prise de conscience de la responsabilité intégrale de nos choix, nous savons que nous pouvons rajouter autant de doses d'Amour dans notre quotidien que nous le souhaitons.

Parce que je choisis ce que j'ai envie de choisir !

Et si je commençais à m'aimer moi, d'un amour indescriptible ?
Aimer Corps, aimer soi-même, et en cadeau, aimer s'aimer.

Waouhhhh !!
Difficile tu vas dire, ou alors sois encore plus cruelle et dis, IMPOSSIBLE !
Mais crie très fort I-M-P-O-S-S-I-B-L-E !!!!
Ça y est, c'est cool, tu as crié le bon mot car impossible est un mot trafiqué, francisé, et coquin.
Tu le détaches avec moi, I-M   POSSIBLE
En français si tu le traduits, ça veut dire « Je suis POSSIBLE ».

Et ouiiiiii, voilà la Magie opère.
La magie des mots.
C'est aussi pour cela que j'aime lire, j'aime écrire, j'aime raconter, car les mots sont magiques.

Tu vois dans le mot IM POSSIBLE toutes les possibilités qui s'offrent à toi ?
Est-ce que ce mot n'est pas rempli d'ingrédients psychédéliques qui t'offrent une multitude de raisons de sourire ?

Je t'invite à prendre un moment, comme un moment de grâce, de découverte de ce mot nouveau rempli de cadeaux pour toi, tout pour toi puisque c'est toi.

Et voilà qui est fait, si tout ce que nous avons cru IMPOSSIBLE était en fait freiné par moi et que par moi par mes choix de choisir que ce n'était pas pour moi ?

Maintenant que je sais, parce que je ne crois plus, je sais que je suis toutes ces possibilités, alors je sais que je choisis tout.
Il suffit de choisir de mettre de l'Amour dans tout ce que je choisis, et tout ce que je choisirai, tout ce que je ferai, tout ce qui sera de moi sera Amour.

Waouhhhhh, en ce qui me concerne, je ressens des émotions fortes en écrivant ceci et Corps est chargé de frissons émotionnels.

Je suis moi, et je vibre l'Amour, donc, tout ce qui émane de moi est doté d'Amour.
J'aime cette idée, j'aime écrire ceci, et en fait, j'aime tellement ça !!!!

Toute la vie les « schématiseurs » nous ont inculqués des « vérités » sur lesquelles nous avons fondé nos croyances et nos convictions.
Je te donne un exemple :
- Pour gagner de l'argent il faut travailler dur,
- Il faut souffrir pour être belle,
- Pour avoir des bonnes notes à l'école il faut travailler dur et apprendre ses leçons,
- Pour être musclé, il faut forcer sur les poids,

C'est des simples concepts pour moi.
Et c'est là aussi, que j'ai compris que j'étais un « peu » spéciale, atypique, car même dans ma vie professionnelle j'ai fonctionné ainsi, sans forcer, sans même m'en rendre compte.

Chaque emploi que j'ai exercé, dans chaque entreprise, je les honorai de ma présence. (Mais ça je ne l'ai compris que maintenant).
Je ne me levais pas le matin parce qu'il fallait aller travailler.
Non, non, je me levais pour exercer un métier qui me portait, qui me donnait le Smile.

Est-ce que c'était facile ?
Franchement non, mais qu'est-ce que c'était kiffant !

Travailler pour une équipe, travailler pour mettre en œuvre des actions qui satisfont les membres de l'équipe, employés, dirigeants, dame de ménage, fournisseurs, clients.

Je choisissais d'inclure tous les membres d'une équipe et peu importe le statut, la place, la hiérarchie, le seul leitmotiv : le bien-être de tous, la simplicité, la fluidité.

J'ai exercé tous mes emplois avec cette touche d'amour qui m'animait au fond de mon être et que je découvre en écrivant ce chapitre.

Si je suis connue et reconnue comme atypique dans les milieux professionnels dans lesquels

j'exerçais un métier pas référencé, aujourd'hui, grâce à ce livre, je sais que c'est parce que j'ai toujours mis une part de mon cœur à l'ouvrage.
C'est peut-être pour cela que j'ai toujours réussi ce que j'entreprenais, et que le peu de personnes qui n'ont pas adhéré à mes méthodes, sont des personnes dénuées d'émotions, dénuées de cœur.

Quel bonheur de vous écrire ceci, je comprends aujourd'hui en direct avec vous, le trait de caractéristique qui me différencie des autres.
Et je comprends aujourd'hui à cet instant même que ça ne s'improvise pas l'Amour.
L'Amour fait partie intégrante d'une personne ou pas. L'Amour ne s'invente pas mais je choisis de penser qu'il peut s'apprendre, avec une bonne dose de volonté, pourquoi pas ?

Une chose merveilleuse vient de se produire, j'ai toujours été dotée de ce cadeau merveilleux mais je m'étais tellement laissée implantée dans un schéma dans lequel l'Amour n'était pas fait pour moi, que je l'ai enfouie quelque part dans un tiroir pour l'oublier.

Et en fait, voilà que je découvre que j'en débordais tellement que j'en mettais dans mon métier, là où, mes schémas ne pouvaient pas me suivre, et me démasquer.

Quel incroyable cadeau !
Aujourd'hui, sachez que je sais que je déborde d'amour, et que j'aime l'amour, et pour rien au monde je ne réfuterai plus jamais mes capacités à aimer aimer.
C'est en moi, et j'en suis consciente, heureuse et excitée, car c'est une richesse incommensurable.

Quel bonheur, quel sourire m'anime en ce moment même de découverte et de déclaration à la fois.

Si toi aussi tu ressens ce que je veux dire, et ce que je ressens en ce moment, tu dois avoir des tas des questions.
Le seul conseil que je peux te donner, c'est de te laisser aller, aime autant que tu le souhaites, et les personnes que tu souhaites aimer.
Exprime ton amour, saupoudre ta vie de cet ingrédient magique et kiffant !

N'attends pas de savoir si tu es aimée, en retour, si toi tu as envie d'aimer, aime, et c'est tout !
Comment savoir si tu aimes la bonne personne ?

Tu sais, fais toi confiance, ton Corps sait pose lui la question.

Met de l'amour dans ce que tu fais, le sport, le boulot, la routine, les voyages, les soirées, la cuisine.

Quel goût a ta vie à l'idée de mettre de l'amour dans tout ce que tu fais ?
Et si tu lisais ce livre avec amour, qu'est ce qui se passerait de plus, de mieux dans ta vie ?
Tu es devant le bouquin, seule, et tu souris à cette folle idée d'aimer tout ce que tu fais, et bien, souris !!!!!

Quels changements se produiront dans ta vie, quand tu mettras de l'amour dans tout ce que tu choisis ?
Tu envoies un message, une énergie de l'Amour, et tout ce qui viendra à toi sera dans la même énergie, celle de l'Amour.

Et oui, forcément le hic, ou tu l'appelles comme tu veux, mais tous ceux qui ne pourront recevoir ta fréquence, ne pourront plus faire partie intégrante de ta vie.
Ceux et celles qui n'acceptent pas tes fréquences ne trouveront plus leur place auprès de toi, et le

ménage se fera de lui-même, c'est un risque à prendre ou une chance à s'offrir.
Etre entourée de personnes comme toi, remplies et débordantes d'amour.
Y a pire dans la vie que de se créer un monde qui nous ressemble. Ou recevoir des personnes qui n'ont pas peur de recevoir ton amour, et qui sauront partager le leur, c'est cadeau aussi.

A voir, c'est ton choix, ce n'est pas obligatoire, tu choisis pour toi de choisir la vie que tu veux, c'est la tienne, elle n'appartient qu'à toi !

L'Amour me donne des palpitations dans le cœur je les ressens comme les battements des ailes des papillons, je les appelle les « Farfalle nel cuore ». Ils sont doux, sucrés, comme le miel, et dorés et chauds comme le coucher de soleil en plein été.

L'Amour ne me quitte jamais et toute ma vie il sera l'ingrédient essentiel qui donne un goût savoureux, délicat et fort à la foi à ma vie toute entière.

As-tu ressenti son intensité dans ce livre que j'ai écrit pour moi, pour toi, pour nous, avec beaucoup d'Amour ?

L'Amour de l'Amour

Comment vivras-tu ton amour dans une relation amoureuse en étant conscient de tout ce que tu sais ?

L'Amour de l'Amour, l'Amour dans l'amour aurait quel goût en sachant que tu es responsable de tes choix et que ton Corps te guide dans tes choix contributifs à ta réalisation, à ton être ?

Partons à l'aventure de la relation consciente, toi et moi, considérons les ingrédients qui composent notre menu de la vie, avec pour agent de conservateur une relation à l'Amour en conscience et laissons-nous porter par l'énergie de ce que cela nous procure.

Je t'invite à replacer le contexte dans lequel nous nous trouvons en ce moment même.

Quel repas nourrissant n'est-ce pas ?

Nous savons désormais que nous sommes responsables des choix.

Nous savons communiquer avec notre Corps, qui de mémoire, est notre meilleur ami.
Grâce à lui, nous choisissons en conscience les contributions à tout notre être, Corporel, spirituel, intellectuel, et tous les autres.

Tous les ingrédients sont réunis pour composer un repas nutritif, rempli de vitamines et de bonheur.

Qu'en est-il pour notre relation avec l'autre ?
Le côté intime de notre être et de cette envie de partage que l'on exprime ou réprime selon les humeurs.

La relation avec ton amoureux car tu as un amoureux, que tu as choisis en conscience, avec Corps et Intuition.
Tu l'as choisi parce que tu en avais envie.

Tu vibres cette personne que tu as choisie pour toi, pour être une contribution à ta vie, à ton être, à toi.

Une relation en conscience, je te laisse le temps d'apprécier cette énergie qui se dégage de ce petit bout de phrase.
Prends pour toi, ferme le livre et tes yeux, et ressens ce que ce petit bout de phrase te fait ressentir.

Laisse-toi envahir par cette énergie, laisse-toi porter, laisse ton Corps te dire ce qu'il ressent et quand tu reviens, tu sauras, ce que je sais et ce que je choisis pour moi, pour Corps, pour ma vie.

Si je te dis, « Complétude »,
Waouhhhh,
Ouiiiii,
Répète le mot complétude qui me transcende littéralement tout le corps et qui me fait frissonner la peau.

Pour moi choisir d'être un couple conscient c'est choisir de sublimer l'amour.

La relation amoureuse consciente est un cadeau phénoménal, quel choix de choix, hihihi, j'adore !

Tu choisis un partenaire de vie en conscience, qui s'engage dans la relation dans un seul et même but, vivre la relation chaque jour, ne pas l'imaginer, mais simplement et librement la vivre.

Choisir un partenaire amoureux, pour partir à l'aventure, l'exploration de la vie amoureuse, pour soi, et pour être une complétude pour l'autre.

Moi et mon partenaire, sommes engagés dans une aspiration mutuelle et réciproque, partagée à l'émergence d'un monde commun en perpétuelle évolution.

Tu es toi, en évolution constante, et ton partenaire est comme toi, et ensemble vous évoluez et vous soutenez.

Impact de fou sur le plan personnel, individuel, un couple basé sur la joie de la liberté d'être, une construction de vie à quatre mains, pour vivre la relation chaque jour, conjuguant l'Amour au présent.

L'Amour est là, en mouvement, un amour léger et intense à la fois, un amour libre et en communion, un amour de soi et un amour de l'autre.

Un partenaire amoureux choisi en conscience, une contribution pour soi, pour sa vie, pour Corps.

Corps qui n'a qu'une envie être aimé, recevoir de l'amour en conscience, être aimé en liberté de donner et recevoir et demander.

Aucune attente de l'autre que des actes conscients qui génèrent une satisfaction totale des besoins et des envies.

La relation sexuelle n'en sera que grandiose, un voyage vers l'orgasme partagé, contributif, mutuel, réciproque, telle une complétude infinie.

Une relation en conscience n'attend pas et ne permet pas l'attachement à l'issue de la relation.

Aucune question sur le lendemain ou les prochains jours, aucun reproche du passé, aucune pollution du passé de l'un ou l'autre.

Une seule réciprocité temporelle, vivre la relation dans le présent en Etre conscient.

C'est une relation que ni ton partenaire ni toi n'imaginez.

C'est une relation que l'on vit avec une implication totale, la conscience de l'évolution permet le choix du mouvement qui comprend la légèreté, la fluidité, l'abondance.

Etre amoureux et vivre l'amour c'est s'aimer soi et aimer l'autre tel qu'il est et laisser l'autre être. Etre amoureux, c'est être en harmonie, s'épanouir, se nourrir de vitalité, d'énergie, recevoir et donner.

Choisir un partenaire de vie en conscience, c'est aussi accepter ses blessures, accepter que l'autre ait des blessures qui sont de l'ordre du passé, sur lesquelles nous n'avons pas de prises.

Ainsi aucune place pour les liens toxiques qui nous pourrissent la vie, la relation, l'évolution.

Choisir de se choisir, soi et l'un, l'autre, pour être une contribution à son quotidien qui constitue notre vie et qui bénit notre bonheur de tous les instants.

Vivre au présent les moments partagés avec l'être aimé et aimer sublimer ces moments pour corréler avec les mouvements de notre propre évolution.

Finalement, savoir s'aimer est la clé pour aimer l'autre, et être aimé de l'autre.

Plus aucune attente, plus aucun besoin, une vie remplie d'envies.
L'envie d'aimer aimer, aimer sa vie, aimer partager, aimer l'autre c'est se sublimer, c'est sublimer sa vie, donc, sublimer l'autre qui par éclat, illuminera l'être que nous sommes ensemble et ce, perpétuellement.

Quelle contribution, quel cadeau incommensurable pour Corps qui sera lui aussi en totale évolution et saura transcender ses ardeurs dans des expériences, et des voyages fantasmagoriques qu'offrent les caresses et autres communions des corps.

Une relation en conscience où chacun donne sans modération et reçoit sans jugement.

Un acte sexuel qui sait être une communion et une exaltation des envies de l'un puis de l'autre, et de l'un et de l'autre sans aucune modération.

Un don réciproque, une envie qui suit la cadence du mouvement excitant de la vie en conscience.

S'aimer en conscience, est pour moi, une façon de se réaliser, s'aimer pour toujours mais pas tous les jours de la même intensité, et tous les jours choisir ce voyage expérimental que chaque jour est différent, chaque jour jouir d'une exploration Orgasmique de soi, de l'autre, ensemble.

Oui, je dis un oui absolu à ce choix merveilleux de choisir en conscience.

Ce choix me procure un Smile on ne peut plus MAGIQUE, il se lit sur ma bouche, dans mes yeux, dans tout Corps, et ma foi !!!

C'est un alléluia indescriptible !

#kiffmychoice#kiffmylife#kiffmySmile

Un dernier verre ?

Quelle joie de t'écrire qui je suis, et comment est ce précieux cadeau qu'est ma vie.

Quelle condescendance de vivre ainsi, de sublimer ainsi tous les aspects du moment présent qui se perpétue à l'infinie.
Comment et pourquoi je vois la vie ainsi, je n'ai aucune autre réponse que de répondre aisément et franchement, parce que c'est moi !

Comment exalter chaque moment consciemment pour soi tout en étant dans le partage et l'amour de l'autre ?
Choisir, tout est là, choisir.
J'ai choisi de sourire à la vie, et de vivre en souriant avec ma bouche, mes yeux, Corps, et ma foi.

Prends conscience de toi, et,
Respire ta vie avec le Smile

Ta vie est la vie que tu choisis, elle sera un cadeau de chaque instant.

C'est la MAGIE du SMILE !!

BONUS
de la nouvelle édition !!!

Ma Potion Magique à Moi…

Grâce à tous ces ingrédients mélangés et dosés à ma sauce, une potion magique est née…
En voici quelques résultats sur l'année qui suivit…
12 mois exactement se sont écoulés après que la sentence soit tombée.
Jour pour jour, 12 mois après que DocMamour m'informa de la sentence, j'avais la chance et la joie d'être dans les rues de ma ville pour **participer**, oui, pour **participer** à une course pédestre de 5 kilomètres animée de musique et de couleurs.
Oui, c'est pour cela que j'insiste sur la magie et le pouvoir que le sourire a sur moi.
Alors que la mort est venue me chercher, beaucoup trop tôt à mon goût, je décidais de ne pas accepter son invitation.
Le jour J, à la date anniversaire de ce qui aurait pu être funèbre, je fêtais la vie accompagnée de mon merveilleux fils.
Pendant les 45 minutes de mes lourdes enjambées, et essoufflée de mes éclats rires, je rendais hommage à DocMamour en lui dédiant chacun de mes pas, et chacun de mes rires aussi.

C'est à cette fameuse course, que je la rencontrai, celle qui a largement contribué à l'écriture de ce livre, celle dont le courage et la ténacité me liaient à elle.

De 20 ans ma cadette, ce petit bout de femme, est, par ses choix et par ses actes, une grande et belle personne dont je n'aurais de cesse de témoigner ma fierté d'avoir pu la connaitre, et la côtoyer.

Ensemble, elle est moi, nous avons partagé l'été qui suivait cette course haute en couleurs.

Ce fut pour moi, le plus bel été de toute ma vie, du réveil au coucher, mon sourire n'a eu de cesse d'illuminer mon visage et tout mon être.

Cet été-là sera à jamais gravé dans ma mémoire et dans mon cœur.

C'est avec une grande émotion que je ressens encore la joie qui m'animait.

Elle était tellement contagieuse, que le petit bout de femme dont je vous parle, en a inventé le plus beau mot de mon été, « l'Heureusité » qui exprimait son bien-être.

Il nous va si bien ce mot, qu'il faudrait l'inclure dans le dictionnaire.

Sans savoir que je suis en train d'écrire une nouvelle édition de la Magie du Smile, c'est avec beaucoup d'émotions que ce matin même, à la date anniversaire de notre course, début de notre Heureusité, mon petit bout de femme préférée m'envoie une photo de cette fameuse et extraordinaire journée.
Quel bonheur et quelle joie, de voir que toutes ces années après, cette journée est encore dans sa mémoire…

Depuis le début de l'écriture de La Magie du Smile, je souhaite lui dédier ce premier livre que j'ai écrit avec tout mon amour, dans une ambiance de vie basée sur les incroyables sensations que le rire et les sourires me procurent.

Merci, d'avoir été une des plus belles nuances de ma course colorée et de m'avoir offert un été au goût de l'Heureusité dont toi seule a le secret.
Aujourd'hui, je nous souhaite à toutes les deux de ne jamais oublier combien il est important de rire et de partager ces moments magiques avec tous ceux qu'on aime.

Que le flambeau magique de la joie que procure un Sourire, soit transmis à tous les êtres qui aiment échanger et partager leur sourire !

Quelle chance incroyable j'ai de pouvoir ambiancer ma vie avec de tels moments de pur bonheur.
C'est juste formidable de se dire que nous sommes en mesure de créer de vrais moments, et surtout de les partager avec des gens qui illuminent vos yeux par leur beauté d'âme.
Je me rends compte de la chance que j'ai d'être consciente de ce pouvoir qui est bien réel.
Être consciente aujourd'hui de l'adrénaline qui ambiance ma vie, celle du rire, les rires aux éclats, les rires de joie qui remplissent mon cœur et me donnent un pouvoir grandiose, celui de mettre du bonheur dans ma vie.

Aujourd'hui je sais que je suis capable de créer de tels moments, et je sais que j'adore ces moments de pur bonheur.
Il me faut désormais demander à l'Univers de m'entourer d'êtres qui sont dans le même trip que moi, rythmé de rires et de joie.

Merci l'Univers de mettre sur ma route des gens, des êtres, qui, comme moi, font le vœu de partager une ambiance de vie constituée de joie.

Ce n'est pas partir à la recherche du bonheur tête baissée, qui est la meilleure alternative, c'est trouver ton adrénaline, ton boost, ton kiff, la chose qui comble, sublime l'ambiance de ta vie.

Le secret du bonheur est là, ce n'est pas un objet, c'est une émotion que tu rajoutes à tes moments de vie pour les sublimer.

Si tu savais que tu as le choix d'ingrédients qui permettent d'agrémenter, épicer ta vie, quels ingrédients et à quelle quantité doserais-tu ?

Je t'invite, dans la phase créative personnelle de la Magie du Smile, à t'amuser à trouver ton adrénaline, la tienne (pas celle que ton mari, ta femme ou tes enfants, ou pire, ton patron adorerait, non non, juste ton kiff à toi, merci).

Amuse-toi, à répondre à quelques questions, qui je te le souhaite, te permettront un moment que pour toi, (ça, c'est un pur cadeau).

A toi de jouer !!!

Règles du Jeu :

1- Je me donne le temps de décrire à quoi ressemble mes moments de bonheur à moi...

2- Je commence mes phrases par Je choisis de...

3- Je me lâche complètement, j'écris sans réfléchir...

Amuse toi bien, et n'oublie pas que tu es un.e magicien.ne, alors, prends ton stylo préféré, et ensemble, décrivez ce qui vous donne le Smile..

Si besoin de partager avec moi, je lis avec plaisir sur la messagerie suivante :

oliviajustsmile@gmail.com

à Bientôt, pour échanger de la Magie ...

© 2020, Nawrocki, Olivia
Edition : Books on Demand,
12/14 rond-Point des Champs-Elysées, 75008 Paris
Impression : BoD - Books on Demand, Norderstedt, Allemagne
ISBN : 9782322241026
Dépôt légal : octobre 2020